JN087162

施策の企画から
実行までの
最適解を導く

ストーリーでわかる!

# 人材マネジメントの課題解決

山田コンサルティンググループ株式会社
角 直紀 SUMI Naoki 著

中央経済社

# はじめに

近年，人事管理をめぐってはダイバーシティ，働き方改革などこれまであまり経験してこなかったテーマが出てきている。そして，各社の人事部は，仕組みを導入するのは簡単だが，末端の現場まで浸透させ組織を変えていくのは簡単ではないということに気付き始めているようだ。

かつて人事部や人事コンサルタントが得意としていた「成果主義・コンピテンシー・役割等級制度…」など定番の制度さえ導入していれば大丈夫というシンプルな世界ではなくなってきた。組織人材に関わる問題を，ゼロベースで考え，課題を解決する力が問われるようになっているのである。

## 1．人材マネジメントの課題の捉え方

### ■ 組織を俯瞰し中長期を展望する：人材マネジメントを考えるための視点

「あなたの会社の人事管理はうまく行っていますか？」

いささか漠とした問いであるが，あなたはこのように質問をされたらどう考えるだろうか？ 「うまく行く」とは何をもって判断すればいいのだろうか？取り敢えず，現行の人事制度に対して目立った不平や不満がなければうまく行っているのか，５年後・10年後の組織を考えて人材が育っているかどうかに着目するのか，そんなことより足許の離職率を下げることが問題なのか…

人事管理とは，人事部が策定した人事制度の運用状況だけに限定されるものではない。会社の様々な階層において様々な形を取って実践されているものである。人事制度はあくまで「制度」であり，ツールに過ぎない。制度の番人として人事部を位置付けるのなら，とりあえず「人事制度が正しく運用されてい

るようだからうまく行っている」として，「運用の責任はライン管理職にあるから，後はよろしく」としてもいいかも知れない。しかし，それでは，誰も人事管理のあり方に責任を持たないということになりかねない。

目立った問題がなければ，人事管理がうまく行っているとするのは視野が狭すぎるだろう。しかし，人事管理がうまく行っているかどうかが問題の有無だけではないとすれば，そもそも「人事管理の目的は何なのか」が明らかになっていなければ，判断できないことになる。では，人事管理の目的とは何なのか…？

本書は，広く人事管理の実務に携わる方に向けて書かれたものである。上記の問いに紐付けて，本書の視座を明らかにすると，次のようになる。

人事管理は，人材に関する経営管理活動と捉えることができる。そして，その目的は「会社の人的資源を最大限活用すること」としたい。そして，ここに組織としてマネジメントサイクルが回ることを期待し，本書では「人材マネジメント」と呼ぶこととする。

その人材マネジメントの担い手は，一義的に現場である。いくら立派な制度が決められていようと，現場においてローカルルールのようなものが存在し，制度の狙いが曲げられてしまっているようであれば，本当の意味での制度とは言えない。そこで，（本社）人事部には，末端の現場まで含めて会社の人材マネジメントを有効に機能させていくようにする役割を求めたいというのが本書の立場である。

広く人材に関する組織の取り組みを捉えていくには，「人事制度がどうか」という議論に止まらず，組織や事業を俯瞰した視点，そして，中長期的な視点が求められる。本書では，こういった視点をもって，どのように実際の問題に対して施策を企画立案・実行していくのかを見ていきたい。

## ■ 横並びや流行の制度の危うさ：それは自社の課題を解決しない

ある会社が人事制度改正や働き方改革に取り組む場合のおおよその流れは次

のようになっている。

まず，情報収集として，雑誌や書籍，セミナーを通じて事例を集める。同業他社の事例が求められる場合も多い。その次に，事例の中から自社に適していると思われる仕組みを幾つか選び，メリット・デメリットを比較し，どれが一番いいかを選ぶ。そして，自社に適用するべく，制度の詳細設計を行い，具体的なコスト等の影響を調べた上で，会社として意思決定し，組合との交渉に臨み，最終的に合意・導入に至る。

さて，この流れが悪いという訳ではないが，ここで明らかにしたいのは，調査した事例の中から，自社に適しているとした根拠，そして，比較検討した上で一つの仕組みを選ぶ際の根拠である。

名目上は「当社に適している」という理由付けになっているが，それを掘り下げると，「どの会社もやっているから」「コンサルタントが推奨していたから」「最新の仕組みとしてもてはやされているから」…といったところが実際の理由ではなかろうか。どうして当社に適しているのかを積極的に説明するだけの根拠に欠ける場合がほとんどなのである。コンサルタントにも同じ傾向が見受けられ，なぜそのメソドロジー（方法論）が素晴らしいのかということを掘り下げてみると，実のところ，米国フォーチュン誌のランキングトップ100に入る企業がこぞって導入しているからというあいまいな根拠だけであり，目の前の顧客の課題を本当に解決するかどうかまでは考慮されていない場合も多いのである。

残念ながら，世の中のほとんどの会社はいわゆる「普通の会社」である。

先進事例をそのまま持ち込んでも，前提条件が異なっていることから，うまく行かないのは当然なのである。

### ■ どの制度が優れているかではない：自社の状況に適した制度の選択

本書では，人事部の役割を，実際に導入した制度が現場において運用され，実際に効果が上がり，会社の問題を確実に解決することまでを目的に置きたい。

そうなると，導入すべき施策は，その会社の実態に即したものでなければならず，人事部にとっては，導入後に制度がどのように運用されているのかが最大の関心事になるはずである。いくら流行の制度や精緻な仕組みを導入したとしても，運用されていなかったり，効果が上がっていなければ失敗なのである。

残念ながら，世の中には，このような失敗が多いのである。

他社がやっているからとか，誰かが推奨したからとかではないとすれば，会社に適している仕組みはどうやって判断すればいいのだろうか。本書が明らかにしていこうとしているのは，ここである。どの制度が優れているかではない。幾つものメソドロジー（方法論）をツールとして持ちながら，その中で最も自社の状況に適したものを選び取る方法論である。

## ■　求められるのは複数のセオリーから自社に適したものを選び取るセオリー

本書は実務家のために書かれたものであり，学術的なものではない。国内外の人事管理の領域の研究者には優秀な方が多くおられるが，学術の基本は実証研究である。現実の事例やデータを分析して，そこに一定の法則を見つけることが基本的なスタンスになる。例えば，ある施策を採用したらモチベーションが上がったということを，たくさんのデータから証明し，その施策の有効性を明らかにする。

これに対して，実務家が求めるのは，一般的な解ではなく，自分の属している組織にとっての最適な解である。学者によって効果があるとされた施策があるとして，それが，自社にとって今採るべき最適な施策なのかを自分の組織に当てはめて判断しなければならないのである。

筆者の知る限り，残念ながら，この当てはめ方についての一般法則は学問的に確立されていないようである。唯一，示されているのが，「コンテクスト（文脈）」という概念である。何人かの学者は「人材マネジメントの効果を上げるには組織のコンテクストに沿ったものでなければならない」と主張している

（例えば，Boxall & Purcell［2011］）。

しかし，コンテクストと言っても，どういう状況にあれば組織のどのような点を考慮していくべきかというところまで，具体的に明らかにされている訳ではない。本書は，実務書として，どんな状況にも当てはまる一般的な法則を得ようとするのではなく，現在の日本企業の人事部に舞台を限定し，そこにいる実務家の目線で，自社に適した施策の選択について，その方法論の一端を明らかにしていきたいと考えている。

## 2．本書の構成と課題解決プロセス

日本企業において，組織にとって最適な人材マネジメントの施策を構築する方法を明らかにしていくに当たり，本書では，「何を」と「どのように」という２つの視点で構成している。

### ■ 実際のコンサルティング事例に基づく：取り上げるテーマと本書の構成

人事管理に関しては，日々色々な問題が発生する。また，表面上は何も起きていないが５年後・10年後になったら分かるような問題も密かに進行している。

ある会社の人事部は「我々の会社の人事管理はうまく行っており，何ら問題ない」と捉える一方で，別のライバル会社の人事部は「一見問題ないように見えるが，実はここが問題なのだ」と気づくかもしれない。あるいは，人事部には見えていないが，経営者の視点からは大きな問題が見えていたり，現場では確実に問題が発生していたりする場合もあろう。

その中で，「何を」人材マネジメントの問題として捉え，解決しようとするのかは，その会社の人材マネジメントのレベル，ひいては人材そのもののレベルにつながってくるのである。

本書においては，できるだけ近時の日本企業に共通する人事管理の問題を拾い上げ，実務に即して考えられるように，「第Ⅰ部　人材フレーム」「第Ⅱ部　人材マネジメント」「第Ⅲ部　人事機能」と大きく３つの領域についてそれぞれ３事例，合計で９つの事例を通じて具体的なテーマを取り上げている。そして，各３事例の後には，領域ごとにまとめの章を設けて，共通的な着眼点を示した。

第Ⅰ部の「人材フレーム」という言葉はあまりなじみがないかもしれないが，等級や役職・職種・職掌等，組織における人材管理の枠組みを指している。日本企業の人材フレームは従来安定していたが，ここにきて様々な側面から見直しが迫られている。正規／非正規の区分やダイバーシティなどのテーマだけでなく，社内における総合職の位置付けも，はっきりとは見えないものの組織の内部では位置付けが変わりつつある大きな問題である。

第Ⅱ部の「人材マネジメント」は，組織の人材をいかに見極め，機会を提供しながら育てていき，十分に活用するかということである。市場経済においては，企業は常に成長を目指すことを迫られている。そういう中で，企業は，人材マネジメントのレベルを継続的に上げていかなければならない。世の中の動きも反映しつつ，組織に根付いた課題を見いだし，解決を目指していかなければならないのである。

第Ⅲ部の「人事機能」は，人材マネジメントを実践する主体を示している。会社において誰がどのように人材マネジメントを実践するのかを考えることは，人事部と経営，人事部と現場の関係性を問うことでもある。近年，日本的経営が変質してきている中で，これまでの人事部の位置付けが変わりつつある。各社の人事部が自らの位置付けを問い直す必要が出てきているのではないかという問題意識からまとめたものである。

本書では，９つの事例を挙げているが，いずれも実際のコンサルティング事例を複数組み合わせたものである。ここで登場する会社は，いわゆる先進事例として紹介されるような会社ではなく，ごく普通の会社である。事例には人数規模や業種等も記しているが，どの業種の企業でもどの規模の企業でも起こりうる内容としたつもりである。読まれる方は，可能な限り自社の状況を考え合わせながら読んでいただき，自社の課題を探していただければと思う。

## ■　いかに事態を動かせるかにコミットする：課題解決への道筋

その会社の課題を解決するためには，どのように施策を選び，実行に移せばいいのだろうか？　ここで求められている思考プロセスは，実は，筆者が通常実践しているコンサルティングプロセスに他ならない。すなわち，状況を分析・判断し，問題を掘り下げて，課題を明確にし，方法論を組み立てていくという流れである。

事例を読んでいただければわかるが，9つの事例の記述は，課題解決に向けたプロセスをそのまま載せており，おおよそ次のような流れになっている。

▶ 図0－1　課題解決のプロセス

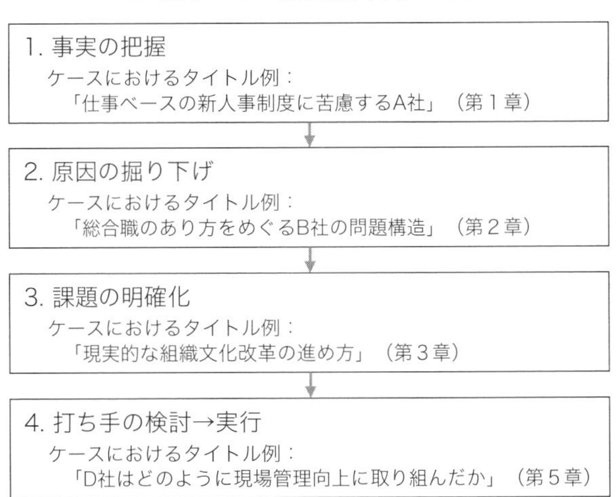


何か問題が発生したとしても，事実の捉え方から課題の特定，打ち手の構築までは，何通りもの可能性がある。どういった事実を取り上げるのか，そこから取り組むべき課題をどのように特定するのかに1つだけの正解があるわけで

はない。事例に書いてあることが正解であると主張するつもりもない。事例を読んで,「自分だったら違うように考えたのに…」と思われる方は多いかもしれない。それはそれで構わない。

大切なのは,正しいかどうかというよりは,どれだけ人を動かし,結果として事態を動かせるかどうかなのである。そういう観点から,事例では社内政治に関わるようなところも省略せずに書いている。

特に,人材に関する問題は,正解がはっきりとしない中,機微に触れる内容も多いだけでなく,解決に当たっては社内の権力構造が関係してくることが多い。きれいごとだけでは解決できないこともある。課題解決に携わる者が厳しい局面に立たされることも多い。しかし,そういった面倒なことから逃げない姿勢も求められるのである。

ポジティブに捉えるならば,人材の問題は面倒であるが,重要であり,面白いのである。

それでは,一緒に人材マネジメントの課題を考えていくこととしたい。

# Contents

## 第Ⅱ部　人材マネジメントに関する課題解決

# 第Ⅲ部　人事機能に関する課題解決

# 第 I 部

# 人材フレームに関する課題解決

# 第1章 ベストプラクティスを運用できない会社はダメなのか

―骨抜きにされた仕事ベースの人事制度―

ケース1

## 1．仕事ベースの新人事制度に苦慮するA社

A社は世界的メーカーに基幹部材を提供する部品メーカーである。海外売上が国内売上を大きく上回るようになってきており，A社ではここ数年かけて経営のグローバル化に注力してきた。例えば，基幹システムやサプライチェーンについては，グローバルで標準になっている仕組みを導入している。

一連の改革の最後の仕上げとなったのが人事制度改革である。準備に1年かけ，やっと昨年新人事制度が導入された。ところが，導入後1年経った現在になり，この新しい人事制度が狙い通りに運用されていないことが判明した。

### ■　A社に導入された仕事ベースの人事制度

元々A社人事制度は，各人の職務遂行能力によって等級が決定されるという伝統的な職能資格制度であった。社長は，経営のグローバル化に向けて，この日本的な人事制度を廃止し，グローバルスタンダードの人事制度を導入することが必要と考えていた。

そこで，外資系コンサルタントを起用し，各人が従事する職務の価値によって給与を決定するという欧米流の職務等級制度をベースに，新たに人事制度を設計・導入したのである。

新人事制度では，管理職の職務等級はM1からM5までに分けられ，各等級に

代表的な役職が紐付けられているが，職務価値に応じて等級が決められるルールになっている（**図1－1**参照）。

▶ **図1－1　A社の職務グレードと職務給**

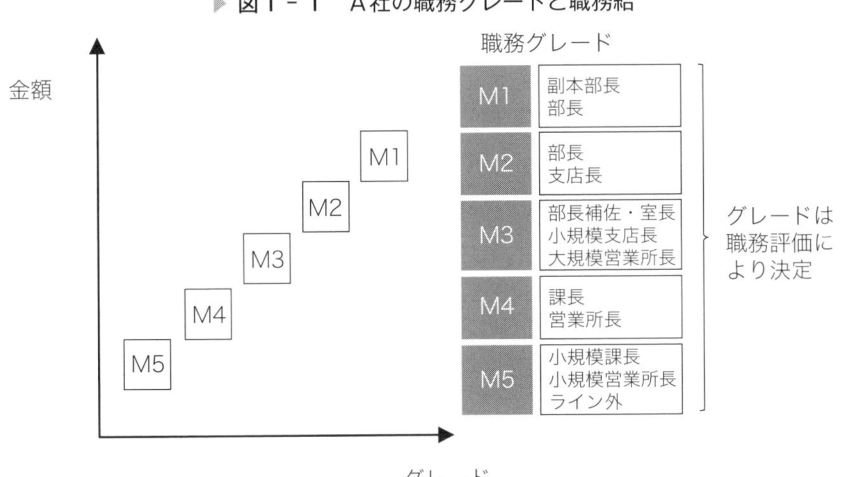


## ■　運用段階で明らかになった新制度運用の骨抜き

職務等級制度に基づく新制度では，役職を外れるなど，仕事の価値が下がる社員については，その職務等級を引き下げなければならない。

しかし，新人事制度導入後1年が経過した時点で，営業本部から上がってきたのは，部長から外れる者に設定する新たな役職の申請，業績の厳しい小規模支店の職務ランク引き上げの申請だった。この支店にはテコ入れのために優秀な支店長を派遣しようとしており，これらの申請は，新たに就くポジションの職務手当を高めに設定し，役職者の給与を維持するためであることは明らかであった。また，営業本部に聞いてみると，これ以外にも，実際には営業本部内では職務等級が下がらないように人事異動が実施されているなど，仕事ベースの人事制度の趣旨とはかけ離れた運用状況であることが分かってきた。

営業本部長によると，申請の対象となるポジションは，いずれも営業戦略上重要なポジションということであった。「新制度の考え方は分かるものの，キーパーソンの給与を下げて本人のやる気が出なくなってしまっては困る。今回に限らず，このままでは人事異動に大きな支障が出るので，営業本部の運用に合わせて制度の方を変えてほしい」というのが本部長の意見であった。

## ■ 社長の不満と営業本部長の反論

営業本部からの申請について人事部長から説明を受けた社長は，不満を隠さなかった。「そもそも，こういう運用実態になってしまっているのは，幹部がグローバル化に向けた改革という会社の方針を分かっていないことなのではないか。ヒトに賃金を紐付けるのではなく，仕事に賃金を紐付けるのが世界の常識なのだ。営業本部長はまだまだ発想がドメスティックなのだよ。この申請は却下する。営業本部長にこの旨説明をしておいてくれ」と改革の必要性を熱っぽく語ったのである。

人事部長から社長の方針を聞いた営業本部長はため息をつき，次のように反論した。「社長は現場の状況が分かっていない。人事制度というのは，会社と社員の約束事であり，信頼関係のベースとなっているものである。改革の必要性も分かるが，あまりコロコロ変えるものではない。また，優秀な社員がやる気をなくしたら，それこそ海外で戦うどころの話ではなく，足元から崩れてしまう。」

「しかし，改革を主導すべき本部長がそんなこと言っていたら，まずいですよ。」人事部長は，社長の顔を思い出しながら，これに答えた。

「いや。別に改革が必要ではないと言っている訳ではない。むしろ，グローバルに対応するためには必要だと思っている。しかし，現場の心情を理解しないで，あるべき論を振りかざしても誰もついてこないということだよ。そもそも，そういった現場の声を社長に届けるのが人事部長の仕事ではないのかね。」

「……」

## ■ 実は腹落ちできていなかった人事部長

営業本部長の指摘は，人事部長に鋭く刺さるものがあった。

というのも，この人事制度改革は一連のグローバル化への流れの中で，社長主導で行われたものであり，人事部長はコンサルタントと社長をつなぐ事務局的な役割に甘んじていたからである。

制度設計の過程で，「それではさすがに現場は納得しないのでは…」といった意見を発したところ，社長とコンサルタントの両方から即座に否定され，「世界の常識（日本の非常識）」というものについてのご高説を聞かされることになり，それ以来，意見を言いづらい雰囲気のまま，ここまで来てしまったのだ。営業本部長が言っていたことは，実は人事部長も自分の中でひそかに感じていたことなのである。

## 2．制度運用をめぐるA社の問題構造

### ■　仕事ベースの人事制度が現場に与えるショック

日本企業において主流であった職能資格制度はヒトベースの仕組みであると言われる。この制度においては，社員の保有する能力が処遇の基本とされ，給与は職務遂行能力に基づいて決められることから，よほどのことがない限り下がることはない。

これに対して，最近は，A社に限らず，職務等級や役割等級といった仕事ベースの人事制度を取り入れる企業が増加している。この背景には，右肩上がりの成長が過去のものとなり，管理職を中心に，これまでのヒトベースの人事制度における年功序列的な昇給の積み上げが，実際の仕事の価値に釣り合わなくなり，オーバーペイの状況を招いてきたことがある。

他方，仕事ベースの人事制度の典型は職務等級，あるいは役割等級であり，それぞれのポストの職務価値を算定し，給与レンジに当てはめるのが基本である。そして，異動等で職務価値の低いポジションに移った場合には，給与が下がることになる。

ヒトベースから仕事ベースへの人事制度の変化は，社内の序列に関するルールが変わることを意味する。そうなると，改正前までは，年功序列の結果として，社内で「えらい」とされていた社員が，現在任されている仕事を基に「えらくない」とされるという事態が生じる。

かねてより，資格が高いものの，実質的に実力がないと思われていた社員が，等級切り下げになる場合には，周囲は「やっぱり」という捉え方をするだろう。

しかし，A社の営業本部の反応に見られるように，特にそういった問題がないと思われている社員が，仕事の価値によって給与水準が上下するようになってしまうことは，これまでのヒトベースの人事制度の感覚からはまだ違和感があり，「給与が下がると，モチベーションも下がってしまうから何とかしてくれ」という声が上がってきてしまうのである。

## ■　社長と営業の噛み合わない議論

A社の状況をどのように見ればいいのだろうか。

問題の所在については，幾つかの見方が成り立つ。社長からすれば改革に対する抵抗勢力の存在が問題であり，他方，営業本部長は，社員のモチベーションに配慮しない人事制度や経営者が問題であると捉えている。

まず，社長の問題の捉え方についてであるが，「世界の常識」だからということでグローバルスタンダードの仕組みを取り入れようという行動の背景には，その仕組みが優れているという社長の信念がある。このように，最新の経営手法や○○先生の説く○○制度を追いかける会社は少なからず存在する。仮に，これを否定する形の問題提起があっても，社長は「あなたは理解が不足している」と否定するのである。しかし，このような問題の捉え方をしても，なかなか問題は解決しない。さらに巧妙な骨抜きを生むだけである。

一方で，営業本部長の意見の論拠は，「部下のモチベーション」にある。人事施策を巡る議論では，すべてを働く人のモチベーションに帰属させてしまう，言わば「モチベーション至上主義」が唱えられることが多い。しかし，モチベーションが下がるのがダメであれば，何も変えられないということになってしまう。制度導入の狙いは横に置いて，目先の社員のモチベーションに議論の焦点を持ってくるのは，本部長としては大局観に欠けていると言わざるを得ない。

人事部長としては，どちらに与するのではなく，どのように人事制度改革を進めるのが組織にとってベストなのか，冷静に状況を見るべきである。

### ■　導入プロセスの重要性とA社人事部の失敗

冷静に状況を見ると，A社の状況は，何もしなければ当然起こることが想定された事態である。しかし，人事部長は，このような事態を先取りしながら導入を進めてきたようには思えない。人事部長は導入プロセスで手を抜いたと言われてもしかたがないのである。

## 3．制度改定を実現させるための制度導入プロセス

### ■　ベストプラクティス信仰の危うさ

人事部長が導入プロセスに関して十分な手を打てなかったのは，トップの「ベストプラクティス信仰」に引きずられてしまったことが原因である。ベストプラクティス信仰とは，世界標準である欧米流の人事制度は，グローバルビジネスの中で成功事例（ベストプラクティス）が集約されて出来上がった素晴らしい経営管理ツールであるはずだと考えることである。

たしかに，ベストプラクティスは世の中の流れを踏まえた優れた手法であることが多く，示唆に富むものである。しかし，ベストプラクティス信仰の危険なところは，その仕組みを導入すればすべてが解決するように経営者が錯覚してしまうことである。トップにとっては，ベストプラクティスをベースとする職務等級の人事制度は「正しい」仕組みであり，コンサルタントも保証してく

れている。そして,「正しい」制度を導入したからには，人事部も含めて組織は従うべきであると考えるのだ。

この錯覚は導入における大きな力になるのは事実である。しかし他方，十分に運用されていない場合には，管理職が現場に考え方を浸透させる努力が不足しており，管理職はもっと努力しなければならないと，単純に整理されてしまい，解決が難しくなってしまう。

というのも，本事例のように，日本企業には日本的人事慣行が深く根付いており，簡単にベストプラクティスでは押し切れないのである。押し切ろうとすると，現場は表面的には従うものの，運用する段階においては，制度の方針を骨抜きして，実質的に従前のままに止めることで反抗するのである。

## ■　実務における「ベストフィット」アプローチの重要性

基本的にコンサルタントなどは，ベストプラクティス論に立脚することが多い。あるメソッドを「正しい」と唱え，セミナーや書籍で訴える。そして，その中のどれかを採用する企業が増えると，さらに事例紹介記事が流布することになり，最終的には流行の人事制度となっていくのである。

この「ベストプラクティス」アプローチは，すべての組織に共通する解があるという前提を持つ。人的資源管理の世界は，突き詰めれば，ヒトの問題に帰結させることが可能であるため，例えば心理学をベースにしたりすると，どんな組織にも通用するようなメソドロジーを提示しやすいのである。

これに対して，個別の組織の状況に応じた最適解があるはずだとして，組織ごとの考察を主軸に据える考え方もある。これは，戦略的人的資源管理（SHRM）の分野において，ベストプラクティスに対して,「ベストフィットアプローチ」と呼ばれるものである。

何が「フィット」のカギになるのかについては，企業の戦略や他の制度との整合性など色々な整理の仕方があるものの，いずれにしても最適な制度というのは，組織独自の事情と取り巻く環境により変わり得るというのがベストフィットの考え方である。

本事例では，人事部長は，この「ベストフィット」の考え方を持っておいた方が柔軟に対応できる。

というのも，社長と営業本部長の対立構造も，時間軸を置いて，「A社に最適な人事制度のあり方は，段階を追って推移するべきものである」と整理すれば，対立軸の片方に偏ることなく，客観的に制度移行のあり方が見えてくるからである（**図1－2**参照）。

▶ **図1－2**　ベストプラクティスとベストフィットの問題構造の違い

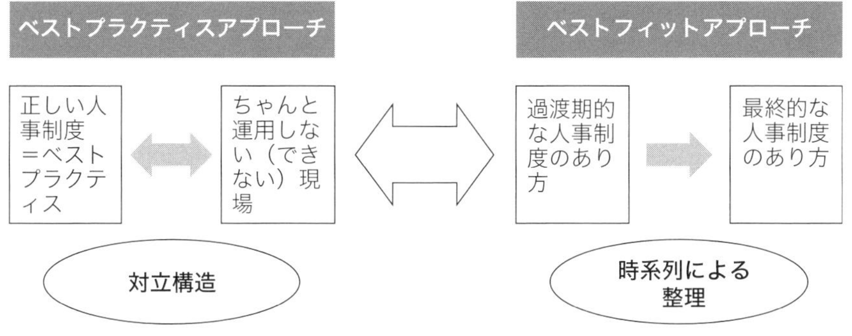


## ■　やり直しとなったA社の導入プロセス

A社であるが，いずれにしてもこのまま進めても状況は良くならない。ここは，一旦手戻りのようにも見えるが，あらためて制度導入のプロセスを丁寧にやり直すべきであろう。

トップダウンの改革であることは変わらないものの，あらためて段階を追って制度導入を行うことによって，社長は現実的なものごとの進捗を理解し，現場のライン長も覚悟を決めることができるのである。

次頁の図（**図1－3**）に，運用を開始するまでのステップをまとめたのでご覧いただきたい。

図１－３　制度導入の基本的な流れ

| |
|---|
| Step１：現状分析→課題抽出 |
| Step２：オプション提示 |
| Step３：合意形成 |

↓

運用開始

### Step 1

課題抽出を行い，制度導入が具体的に何の問題を解決しようとしているのかをあらためて明らかにする。これにより，改革の本当の狙いを当事者に理解してもらう。

### Step 2

次に，抽出された課題をどのように解決するかというオプションを考える。本事例のように，改革のスピード感に起因した対立が存在する場合には，制度内容のオプションもさることながら，時間軸のオプションも重要である。

例えば，移行に当たっては，新制度において何らかの不利益を被ることになる社員に対して，どのように配慮するかがポイントになるが，問題の緊急度に応じて経過措置等を講じ，時間を掛けて解決策を提示すれば，スムーズに解決することも多いのである。

### Step 3

そして，このオプションを提示した後，ステークホルダーと合意を形成することになる。

建前上の合意ではなく，実際に運用されるように合意を形成することが必要である。そのためには，誰がステークホルダーなのかを見定め，それぞれの責任者に対して，「この制度導入がどのようなインパクトを持ちうるのか」，「その影響をどう受け止めるべきなのか」について，具体的に示し，腹を括るべきところは括ってもらうことになる。

## 4．A社はどのように問題を解決したのか

では，A社において実際に人事部長がどのように議論を主導し，運用を正常化させていったのかを紹介したい。

### Step 1-1　課題の抽出(1)　グローバル化に向けた課題

まず，現状分析から課題の抽出をやり直すことにした。コンサルタントと社長の間では合意は出来上がっていたのだが，人事部長として，グローバル化に向けてどうして人事面で対応しなければならないのかについての腹落ち感が欲しかったのである。

そうなると，グローバルな事業展開における人事課題に関しては，海外事業

| グローバル化への課題 | 具体的内容 |
| --- | --- |
| **責任・権限の明確化** | 現地で採用した海外現地法人の幹部層と駐在員のステータスの整合性が取れない。<br>日本企業の曖昧な役割・権限の決め方では現地で説明がつかず，円滑な意思決定ができない。グローバル共通で職務定義書を明らかにしてほしいという声が現地法人から上がってきている。 |
| **グローバルリーダー育成** | 今後のグローバル展開をリードできる幹部候補生が不足しており，早急に育成する必要がある。<br>現在の本社の幹部にはグローバルビジネスをリードするだけの力に欠ける社員も多いが，若手が育ってくるまでは我慢して使わなければならない。 |

を統括している責任者が主要なステークホルダーとなる。そこで，人事部長は，海外事業本部と経営企画部とミーティングを実施し，グローバル化に向けた人事面での課題を明らかにした。

その結果，前頁の表のような課題が明らかになった。

人事部長としては，これらの課題をまとめることで，あらためて社長の言っていることの狙いが理解できた。

### Step 1-2　課題の抽出⑵　国内人材の課題

一方で，国内の人材に関しては，人事部長は，次のような課題があると認識していた。これについては，今回の人事制度改定においてはあまり注目されていなかったきらいがあり，ここであらためて明確にしておくことにしたのである。

| 国内の人事課題 | 具体的内容 |
|---|---|
| **中高年層** | 40歳代以上の管理職に余剰感がある。<br>結果として，部下なし管理職が目立つようになってきている。組織運営の効率を考えると，いずれは手を付けなければならない。 |
| **中堅層・若手層** | 30歳代は層が薄く，実力のバラつきが大きいので，個別に見極めなければならない。20歳代は優秀な層が採用できていると感じており，グローバルリーダーを目指して育てていきたい。 |

### Step 1-3　課題の整理

人事部長は，以上の課題をまとめ，あらためて，新人事制度を通じて何を解決すべきなのかを，時系列も意識して整理しなおすことにした。

#### グローバル化に向けた課題

- グローバル経営に向けた責任・権限の整理は早期に対応が必要であるとい

うのは，経営企画部の強い要望であった。

- 人事部としては，それと同時に，グローバルリーダーに向けて若手を育成しつつ，中堅層を海外の幹部に抜擢していくことも，すぐには結果が出るものではないことから，早く取り組む必要があると考えられた。

### 国内人材の課題

国内の中高年の処遇に関する課題は，営業本部長と議論を重ねて見えてきた。それは，現在の30歳代が育ってくるまでは一定の層の厚さを保っておく必要があり，責任・権限を明確にしながらも，しばらくの間は処遇面ではある程度の下支えをすることが必要ではないかということであった。

## Step 2　社長へのオプション提示

各部との議論を経て，課題が明確になってきた人事部長は，人事制度の追加的な修正と運用変更に関するアイデアをオプションとしてまとめ，社長に説明

▶ 表1－1　人事制度追加修正のオプション

| 導入シナリオ | グローバル化への対応 | 国内中高年への対応 | 懸念点 |
|---|---|---|---|
| ①ハードランディングシナリオ | 現行等級とは無関係に有望な若手・中堅を海外現法幹部に抜擢するべくダイナミックな仕組みを展開する。 | 運用適正化のために，職務価値を再度見直す。職務価値が低いポジションに就いている者の処遇を切り下げていく。 | まだ30歳代の層が薄いため，会社として機能低下することが想定される。 |
| ②中間的シナリオ | 若手・中堅を対象に，グローバル人材を育成し見極めるプログラムを実施し，個別に判断して海外現法に順次派遣していく。 | 職務価値のランク見直しは行うものの，給与を重複型にするとともに，処遇切り下げは3年かけて償却する。 | 運用が甘くならないようにモニタリングが必要。 |
| ③ソフトランディングシナリオ | ローテーション期間を短くし，駐在の長い社員を帰国させ，優秀な中堅を派遣する。 | 職務ランクを大括りにすることで，差をつけず実質的に処遇切り下げのない形にする。 | 30歳代が育ってくる5年後には②に移行する必要がある。 |

することとした。

まとめ方としては，グローバル化への対応と国内の中高年管理職への対応について，時間軸を取り入れ，①ハードランディング，②中間的，③ソフトランディング，の３つにまとめ，社長の決断を仰ぐことにした（**表１－１**参照）。

なお，給与レンジについては，コンサルタントからは，給与は重複にしない方が良いという意見はもらっていたが，実際に給与を下げるには，下がる者への配慮が必要と判断しており，いずれにしても給与レンジの設定を修正しなければならないと思っていた。

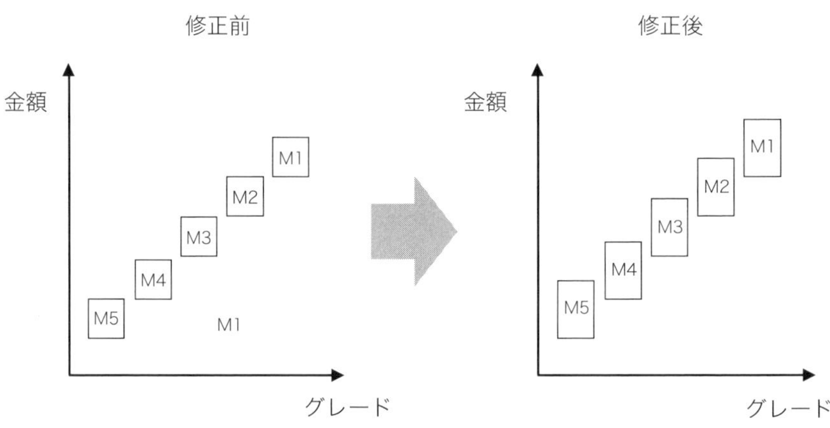


人事部長は，社長に対して３つのオプションを説明し，②中間的シナリオの妥当性を主張した。

社長がどこまで厳しさを求めるかは，実際に話をしてみないと分からない状態ではあったが，意外にあっさり②案で了解をもらうことができた。

社長からは「グローバル化に向けた人事制度導入の効果がより明確になった」と評価してもらった。

一方で，人事部長としては，国内の人事に関する問題について，社長への情報提供が不足していたことは反省点であった。

### Step 3　合意形成

社長決定を受け，人事部長は，新たに導入する制度と運用方法に関する指示を取りまとめ，各本部長に説明することになった。

特に，営業本部長に対しては，制度導入に当たって，これまでとは異なり，職務ランクの上下は当たり前のように発生することを説明し，割り切って運用するように依頼した。

営業本部長も，問題が発生してからの人事部長の動きを評価しており，国内の中高年の処遇についても一定の配慮があることから，制度運用の全体像について納得してもらうことができた。

そして，制度運用状況のモニタリングについては，制度が想定通り運用されているかどうかを確認すべく，昇降格候補者を決定する各本部の人事会議に人事部員がオブザーバーとして出席できるように各本部長に依頼した。

各本部長からの反対にあうことを懸念していたが，一連の対応において各本部長との議論を通じた関係構築ができていたこともあり，杞憂に終わったのである。

**このようにA社は制度運用の問題を導入プロセスから丁寧にやり直すことを通じて，社内各層を巻き込み，新たな制度を定着させることに成功したのである。**

# 第2章 揺れる全国転勤の損得勘定

## ――地域限定総合職が突き付ける総合職のこれから

## 1．地域限定総合職制度への反発が強いB社

B社人事部長は思いもかけない展開に戸惑っていた。

議論の焦点は，２年前に導入した地域限定総合職制度である。この制度に対して，「これでは現場が回らない」と営業本部長がかみついてきたのである。

そして，人事と営業の議論を聞いた社長から，この制度の狙いと効果をもう一度明確にした上で，今後の対応を考えるように指示が下ったのである。

### ■　想定外だった地域限定総合職制度の導入

B社は全国展開している食品卸であるが，競合している業界大手が地域限定総合職制度を導入したことをきっかけに，導入検討が始まり，２年前にこの制度を導入したものである。

導入の目的は，育児や介護などの事情やキャリア観の多様性を認めていこうということであった（図2－1参照）。

実際には，人手不足の折，新卒採用などでは地方大学を中心に地元志向が強くなっており，一定レベル以上の人材を確保するには地域限定総合職の枠組みが求められていたこと。さらに，女性総合職社員の定着を図るとともに，これまで転勤がネックになっていた一般職から優秀な女性社員の転換を実現させたいというのが狙いであった。

若手社員の地域限定総合職への転換は当初予想では全体の１～２割の応募に

▶ 図2－1　B社　地域限定総合職制度の概要

**導入の目的**

社員のキャリア観の多様化を踏まえ，働き方の選択肢を増やし，優秀な人材の確保を図る

**変更の要件**

年1回の申請が可能

回数及び申請理由に特に制約なし

| | 全国型総合職 | 地域限定型総合職 |
|---|---|---|
| 等級 | 上級経営職まで | 営業所長が上限 |
| 給与・賞与 | 100 | 80-95<br>上位等級ほど格差が大きくなる |
| 諸手当 | 共通 | |

なるのではないかとしていたが，ふたを開けてみると，予想より多く，3割超が申請してきた。申請理由としては，子供の教育環境が男女問わずに多く，また，共稼ぎ家庭の申請も多かった。

また，新卒採用においても学生の応募数がかなり増えたという報告もあった。

人事部としては，想定以上の反響に対して，人材の定着やこれからの採用にも役に立つことから，状況を前向きに捉えていた。

ところが，営業本部の受け止め方は逆であった。

事業所間の異動については，営業本部が異動案を作ることになっているが，実際のところ，転勤をさせる場合には，上司が本人に転勤を打診することが慣行となっている部署も多かった。導入時点では，そういう不文律を明確にするだけという受け止め方をしており，取り立てて反対はしていなかったのである。

しかし，当初の想定を超えた人数が地域限定になっただけでなく，転勤を打診するとコース転換の意向とともに拒否されるケースもでてきた。

そして，結果として，ローテーションのしわ寄せが，地域限定を選ばなかった社員，特に中高年社員にきてしまったのである。

営業本部長は，この状態について，人繰りのひっ迫感は社員の異動機会の減少，ひいては人材育成の停滞につながるのではないかと危機感を抱いたのである。

## ■　経営会議における営業と人事の激論

営業と人事の議論は，期初の組織変更・人事異動を討議する経営会議の場で起こった。

営業本部長の「ローテーションに支障が出ている」という主張に対して，人事部長は，「そもそも転勤ができないから人が育たないというのはおかしいのではないか」「制度が変わったのだから，これまでのローテーションのあり方を見直すべきではないか」と反論した。

踏み込んだ人事部長の反論に対して営業本部長はやや気色ばんで答えた。「転勤により事業所を変わるというのは，違う環境で，違う顧客と新たな関係を作り上げていくことであり，営業スタッフとしての基本的な力が養われる」と述べ，さらに「一方で，同じ事業所にずっといると，自ずと緊張感が薄れてきてしまうので，弊害が大きい」とまとめた。

「ローテーションといっても，実際には退職者などの穴埋めを玉突きでやっているだけですよね。転勤の人材育成効果というのも本当にあるのか疑問です。それより，この制度によって採用や定着には確実な効果が上がっていると思うので，この仕組みを基に，現場でしっかりとOJTをやるように考えて下さい」と，人事部長は意識の転換を促すような言い方をしてみたが，営業本部長は，どうしてそんなことを人事部長に言われなければならないのか，腑に落ちないといった表情である。

### ■　冷静な社長の裁定

このやり取りを聞いていた社長が口をはさんだ。

「この議論は，つまるところ，人材の育成には転勤が必要なのかどうかということだな。君たちの議論は，どうも目先の問題に終始しているように聞こえる。もちろん，最近の傾向として地域限定社員を設定する会社が増えていることは知っている。しかし，当社としての人材育成をもっと長い時間軸で考えた場合にどうなるのか。極端な場合，本当に転勤なしでもやっていけるのかを考えてみてほしい。」

人事部長も営業本部長の言っている「人材育成」がいかなることなのかについては，人事部の立場からも明らかにしておきたいと思っていたこともあり，社長の指示に従い，そもそものところから考えてみることとした。

---

## ２．総合職のあり方をめぐるＢ社の問題構造

---

近年，地域限定社員制度やそれも含んだ複線型人事制度として，地域限定に加え，専門職のキャリアも含めて多様性に対応しようという会社が増えている。

いずれの場合も，導入の目的は，Ｂ社のように，働き方の多様性に対応するためであり，その背景には，人材を確保したいという狙いがある。

働く側にとってみれば，選択の余地が広がることはメリットがあることに間違いない。

しかし，「会社にとって」転勤なしの地域限定総合職を認めるということはどういう意味を持つのだろうか？

社員にとって良いことをすれば，社員の満足度は高まり，会社の業績は上がるという論法があるかもしれないが，そんなに単純な話ではない。

社員にとって良い会社と強い会社とは違うのである。社長からの投げかけは，まさにその点を突いたものである。

## ■「転勤」の位置付けはどう変化してきたのか

「転勤」というものは，会社の人事権行使の最たるものとして位置付けられてきた。総合職である限り，転勤を拒否することは許されず，拒否した場合には，会社はその社員を解雇することができた。

会社によってローテーションの頻度は異なるものの，全国展開している企業では短くて数年単位でのローテーション，長い場合でも新卒から定年までのキャリアにおいて数回の転勤は行われるのが通常であろう。

転勤にはコストがかかる。引っ越し費用にはじまり，社宅を用意したり，単身赴任者には手当を支給したりといった金銭的な費用だけでなく，引継ぎやあいさつ回りなどに取られる手間や時間も人件費に換算すると馬鹿にならない。

さらに，常に上司か部下は数年で入れ替わることになり，築き上げた関係がゼロクリアされてしまうこともコストと言えるかもしれない。

しかし，会社にとってはこれらのコストを上回るベネフィットがあったのが転勤なのであろう。それは何だろうか。

まずは，このように定期的に人が入れ替わることにより，組織運営に適度な緊張感を与えることができる。社員としても，前任者のやってきた仕事を引き継ぎ，それを自分のものにした上で，自分なりの取り組みを加えていくことが，自ずと仕事のやり方を見直すきっかけになっているのである。

また，金融機関などでは，顧客との癒着や不正の防止という効果があると言われる。

さらに，退職者などの欠員補充だけでなく，継続的な人員調整，即ち事業の拡大や方針変更に従った要員の見直しを柔軟に実行できるという面がある。解雇に関する制約が強い日本企業にとっては隠れたメリットと言える。

このように，自由に社員を転勤させることで，会社は柔軟性を獲得できたのである。

これに対して，社員は転勤によって色々な負担を強いられる一方で，雇用を保証されるというメリットがあったはずである。

では，B社で最近，地域限定総合職に手を挙げる社員が増加している事象をどう読み取るべきか？

社員にとっては，転勤のメリットよりデメリットが大きくなってきたということであろう。一定数の社員が，身も心も会社に捧げるような生き方を否定し，プライベートを優先することを志向するような仕事観を持つようになっているのである。

## ■ 人材育成のあり方の変化と転勤の必要性

それでは，会社側から見た転勤に関する状況は変わってきているのか。

営業本部長の言うように，全国展開している事業の場合，定期的な配置転換は，組織の活性化という意味からは重要性は変わっていないと思われる。営業スタッフの強化という意味でも，異動を通じて経験値を増やすのは望ましい。ただ，社員側の価値観の変化の中で，転勤を通じて育てようと思ったのに，辞められてしまっては元も子もないということも言える。

一方で，営業以外の本社部門などの専門性が問われるような業務はどうか。

例えば，法務などは，必ずしも転勤は必要としないだろう。総務などは，地方支社の総務などの経験は役に立つかもしれない。ただ，地域限定総合職がその地域の総務を担当したとしても，あまり違和感はない。

では，マーケティングや営業企画のような部署はどうか。転勤というよりは，単純に営業の経験があるというだけで良いかもしれない。

要するに，専門性の中身によって，それを高めるには転勤が必須であるとは言い切れない職務もあるのだ。

競争環境の激化の中で，高度な専門性が組織として求められることも多くなってきており，他方で社員の仕事観も変わってきている中で，組織としてどのように専門性を確保するのかは，まずは転勤ありきではなく，慎重に設計する必要が出ているのである。

## ■ 「いい所取り」だったこれまでの総合職

そもそも人事制度において,「総合職」とは,「幹部候補生」という意味合いであった。

大学あるいは大学院の新卒を,即戦力というよりはポテンシャルを評価して一括採用し,色々な業務を経験させながら育てていき,その中から幹部を選んでいくという大きな流れの中に位置付けられる。

もう一つが,表向きは語られないが,総合職には,職務勤務地に限定のない使い勝手の良いゼネラリストという側面があることも忘れてはならない。

日本的人事慣行の特徴の一つに,「遅い選抜」というものがある(小池和男[2005])。課長・部長の昇進年齢を比較した調査では,米国は課長34.6歳・部長37.2歳,中国は課長28.5歳・部長29.8歳であるのに対して,日本は課長38.6歳・部長44.0歳(WORKS No.128 2015年3月)となっており,世界的に見て昇進スピードは極めて遅いのである。

日本企業は総合職をゼネラリストとして色々な経験をさせながら,時間を掛けて選抜していく。しかし,残念ながら,全員が幹部にはなれる訳ではない。ただ,競争自体が遅いので,幹部候補であるという自覚はかなり長く引き延ばすことができる。

さらに,総合職の中に,専門職的な人材も包含しているのも興味深い。全国転勤を建前としながらも,専門性発揮の中心となることが期待される法務部員はほとんど転勤がないという運用もよくある話である。

また,選抜の過程でゼネラリストとして活用の上限が見えてきた人材を,一定の専門領域におけるスペシャリストとして生かすべく機会を与えることも柔軟に行われている。

このように,「総合職」は,いかなる状況の変化に対しても対応できるような本当のゼネラリストの幹部が備えるべき柔軟性と,「これをやれ」と言われたら,文句言わずに「はい。やります」という使い勝手(利便性)という特性を備え，さらには，本来の総合職とは異なる高度専門職候補も総合職という名の下に混じっているという，カオスに近い状態になっているのである。

そして，この「何でもあり」の総合職のプールから，会社の都合と人材の見極めによって，ゼネラリスト・スペシャリストを「いい所取り」する都合のいい仕組みが，日本企業の人事管理におけるこれまでのホワイトカラーの育成・選抜の基本的なパターンであった。

事例における営業本部長の総合職に関する認識もほぼこれに近い。営業本部長にとっては，地域限定総合職を入れることにより，都合よく使えていた会社側のオプションが減ってしまうのである。

## ■「いい所取り」が難しくなってきた最近の総合職

地域限定総合職制度への応募が予想以上となったことの背景には，総合職をめぐる状況の変化がある。

かつては大卒新入社員が総合職としてある会社に入った際には，共通的に「定年まで勤め上げる」とか，「少なくとも課長までは出世したい」という期待を持っており，会社もその期待にできるだけ応えようとしていた。

しかし現在，この互いの暗黙の了解が薄れてきているのだ。本人に幹部候補という自覚がないケースもあれば，「お世話になります」と言いながらも，確信犯的に，「定年まで働くよりは，何か技術を身につけたら次の会社に移る機会を探したい」と考えているケースも多い。

こういった状況の変化により「あなたは当社の幹部候補だから，大人しく会社の言うことを聞きなさい」という会社側の論法は効果を上げなくなってくる。そうなると，総合職をめぐる変化は社員側だけでなく，会社側にも方針の変更を迫ることになってくる。まさに，社長から提示されたテーマそのものである。

地域限定総合職は社員側から総合職のあり方を見直したものと位置付けられるが，会社側から総合職の育成を考え直すと，地域限定総合職の制度は中途半端な仕組みと言わざるを得ない。

まずは会社としての総合職の育成のあり方をゼロベース見直してみて，地域限定総合職という制度が不十分であれば，追加の施策を考える必要があるのだ。

▶ 図２－２　転勤をめぐる問題の構造

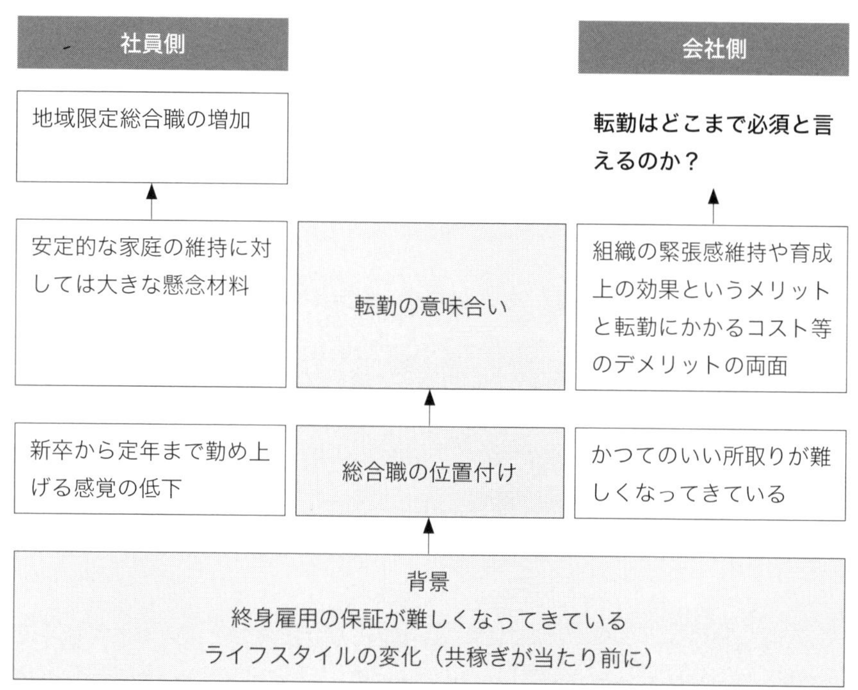


## 3．戦略的な観点からの総合職の再構築

地域限定総合職の是非をめぐる議論に対しての，社長からの投げ掛けは，それを社員の視点ではなく，会社の人材育成の視点から見るとどう評価できるのかということであった。

## ■　暗黙の了解の限界と説明責任の必要性

総合職をめぐっては，企業は，仕組みの建前を最大限に生かしながら，原則と例外を使い分け，裏側で人材を選抜・選別するという「いい所取り」を巧みに行ってきたが，この構図が崩れつつあるというのが，現状である。それがB社の事例には表れてきているのである。大手企業の度重なるリストラに見られるように，全員が会社に身を捧げれば幹部になれるかというと，そういう訳でもなく，そもそもそういう夢を純粋に持つ若手もそう多くない中で，相変わらずの幹部への出世という幻想を餌にして使い勝手を享受しようという会社側のご都合主義には，もう社員はついてこないのであり，地域限定総合職に手を挙げる社員が増えたというのは，その表れであると言える。

では，人事部はどうすればよいのか。恐らく，ここから先に進めていくには，これまでの暗黙の了解を捨て，今どきの総合職と新たな了解を取り結ぶ必要がある。そのためには，「説明責任」がポイントになると思われる。

これまでは，転勤の目的について会社はあえて説明を避けてきたとも言える。すなわち，「総合職は全国勤務・全職務対応」という前提の下で，専門性の高さが要求される一部社員は本社内の異動に留め，営業部員は育成というよりは単なる欠員補充の転勤を命じ，本当の幹部候補はあえて色々な経験をさせるといった微妙な使い分けをしてきたが，これはあくまで人事権の行使であり，その意図を社員に説明することはなかった。

社員も，直接は言われないものの，そこから微妙なニュアンスを感じ取り，「出世もここまでか…」「次に昇進するためのチャンスだ」などと自分なりの解釈をしてきた。

このように，会社がこれまで直接異動の意図を隠してきたのは，実際の目的が複合的であいまいだったこともあるが社員の期待を引っ張りたいという狙いが大きかったように思う。例えば，経営幹部候補を選抜することに対して，必ず発生する「選抜してしまったら，選ばれなかった社員のモチベーションが下がってしまう」という反対意見が，その象徴である。裏返せば，「言わなければモチベーションが維持される」と考えているのである。

さらには，集団の中で差をつけることを避けようとする組織における平等意識も働いていた。

しかし，近時社員側は，総合職という枠組みに多くを期待しておらず，平等意識も会社側が思っているようなものから変わってきている。そうであれば，会社は重要なことを隠してモチベーションを維持する必要はない。むしろ，隠さずに，しっかり説明する方が，むしろスッキリすると喜ばれるのではないだろうか。

そうなると，このような社員側の受け止め方の変化を踏まえて，会社の人事慣行のあり方を，より戦略的に変えていくことができるかが課題となるのだ。

## ■　その場しのぎの異動や結果論としての選抜をなくしていく

このように考えると，今後会社は，育成・選抜の状況と異動の意味について説明責任を果たして社員の納得を得ながら，人材育成・活用をより戦略的に進めていくことができるかが課題となる。

会社としての明確な意思や組み立てがあった上で異動や任用が計画されているのか，その場しのぎの異動でしかないのかは，全く意味が異なる。これまでは，その場しのぎの人事異動や結果論としての選抜も多かったかもしれない。まずはそこから手を付けなければならない。本人に意図を説明できるよう意思決定のあり方を変える必要がある。

では，意識して人材育成・選抜を行っていく上で，明らかにしておくべき点は何か。人事異動を意識的・計画的に行っていくに当たっては，次の４点を会社として具体化しておく必要がある（図２－３）。

いずれも，現場に任せておいても明確な答えが出ないと思われる。人事部としては，これに関するガイドラインを示し，現場が異動の意図を説明できるようにサポートする必要があろう。

▶ 図2－3　異動の根拠となる考え方

| | |
|---|---|
| ①求める人材とは | そもそも，会社はどういう人材を求めているのか。ゼネラリストなのか，スペシャリストなのか，どういう専門性が求められるのかを戦略的観点から明らかにしておく。 |
| ②それぞれの育て方 | その「求める人材」に向けては，どのような経験が求められるのか，中でも転勤は必須なのか。 |
| ③それぞれの活かし方 | 会社として，転勤を含む配置の柔軟性をどこまで持っておく必要があるのか。 |
| ④選抜や選択のタイミング | 人材として伸びる時期を踏まえると，どのタイミングで適性を見極めて，会社の選抜や本人のコース選択を実施するのが適切なのか。 |

手間が掛かるかもしれないが，異動の意図を明確にするということは，社員に「この転勤は自分のこれからの成長にとってどれだけ大切な機会なのか」を分かって異動するということであり，突然下った転勤命令の意味を想像しながら異動するより，育成上の効果や業績に対する効果は高いはずである。

## ■　それでも生じる説明の難しい人事異動

人事に関しては色々な想定外の事情が発生するものであり，すべての異動が計画に則った形で行われるという訳にはいかない。どれだけ方針を決めて，意図を明確にした異動や昇進を行っていっても，クリアな説明が難しい人事異動は残ってしまうものである。また，更迭人事に近い異動もあろう。

これまでは，こういった場合，「ありのままの説明をしてしまうと本人のやる気が落ちてしまう」「わざわざ説明しなければならないとすると，異動そのものが計画できなくなってしまう」ということで，会社は説明する必要はないとしてきた。

しかし，ものごとの捉え方は色々な角度から出来るはずであり，本人のやる気や奮起を促すような理由の説明の仕方はあるはずである。会社としての当初の意図は明確ではなかったかもしれないが，本人がどういった気持ちで異動を受け止めるべきかという点から，前向きなメッセージを作り込むこともできるはずである。

効果を考えたら，「説明が難しいから説明しない」より「説明は難しいかもしれないが，何とか説明する」の方が，本人にとっても会社にとってもいい効果をもたらすのである。

## ■ 選抜に関する会社と社員のコミュニケーションのあり方

これまで，人事に関する情報というのは極秘情報として組織においてひたすら隠されてきた。誰が将来を期待されて誰がそうではないのかについても，「モチベーションを下げるから」「将来的に変わる可能性もあるから」という表向きの理由と昇進の期待を長く引っ張ろうという隠された理由から，本人には伝えられないままにやってきた。

その結果として，課長になるタイミングや課長を卒業するタイミングで，本人が「人事異動を裏読みする」ことによって会社の意図を感じ取るという，非常にまどろっこしいコミュニケーションが採られてきた。

しかし，中高年はともかくとして，課長までの若手・中堅層はこういった持って回ったコミュニケーションよりは，直截的なものの言い方の方が伝わるのではないか。これまでタブーとされてきたものをなくして，率直に意見交換をした方が，会社にも本人にもメリットがあると考えられる。

そして，そのコミュニケーションにおいて，人事部は重要な役割を果たすことができる可能性がある。即ち，上司あるいは部門の評価を直接伝えるのではなく，人事部が一旦仲介することにより，第三者的な立場から冷静に伝えることでき，部門外での活用も併せて検討できるのである。密室的なところで行われていた評価を表に出すという牽制的な効果も大きい。

### ■　必要となってくる敗者復活の仕組み

最後に，「敗者復活の仕組み」の必要性についても触れておきたい。

昇進競争は，団体スポーツのレギュラー争いと同じである。チームが勝つためには，レギュラーメンバーには，実力のある者を選ぶのは当然である。しかし，長い期間でチームの強さを測るには，補欠メンバーがどこまで努力して，選手層を厚くしているかが大きく影響する。そのために，補欠メンバーは，レギュラーメンバーに比べて何が不足しているのかを意識し，力をつけようと努力する。そして，それを監督やコーチがしっかり見ているという構図が求められる。

企業においても同じである。レギュラー争いをさせた上で，一旦何かのラベルが貼られてしまったらおしまいという選抜方法は組織にとっては何のメリットもない。

率直なコミュニケーションと敗者復活の仕組みを組み合わせ，選抜後も会社が継続的に成長過程を見て評価し続けていくということを伝えれば，伝統的に行われてきた「隠微な」人事管理より若手・中堅層の感覚に即した効果的な人材育成・活用が可能となるはずなのである。

---

## 4．B社はどのように問題を解決したのか

---

### ■　コース設定の見直し

B社では，複線型人事制度を全面的に導入する案も出されたが，専門職に関する各部署の期待は，高度プロフェッショナル制度に該当するレベルの高い専門職であったため，それは別途検討することになった。

地域限定総合職の見直しに当たっては，会社が求める人材（高度専門職を除く）を次頁の表のように層別に整理してみた。

| | | |
|---|---|---|
| （全社）ハイポテンシャル | | これからの会社を引っ張っていくリーダーとして，色々な経験を積ませていきたい。<br>会社としては，地域限定や職務限定になってしまい育成の機会が損なわれるようなことがないようにしたい。 |
| ミドルポテンシャル | | 課長クラスまでの活躍は十分期待できる層として，ある程度のボリュームが求められる。<br>社員の希望に合わせて，専門職的に活かす場合もやむを得ないとする。 |
| | 部門内ハイポテンシャル | 全社のトップとまではいかないが，部門を支えていくリーダーとして，部門内での多様な経験を求めていきたい。<br>営業においては転勤が必須となる。管理部門では職務の幅広さや出向経験が求められる。 |
| | 部門内ミドルポテンシャル | 部門の中で，一定の役割をしっかり果たしてもらいたい。<br>昇給は一定レベルで頭打ちになる。<br>地域限定総合職 |
| ローポテンシャル | | 現状，あまり上手く活用できていない状況であり，会社としては，何らかの限定を許容してしまうと，対応が困難になる可能性がある。 |

このように整理すると，地域限定総合職制度は専ら部門内ミドルポテンシャル向けのものであり，社員側の事情を優先して，人材を確保し，ボリュームを確保したいという狙いに沿ったものである。

そこで，人事部長は，地域限定総合職を選択した場合の昇進の上限を明確に説明して，地域限定総合職はポテンシャルがあまり高くない層を想定していることを明確にし，社員に会社の意図を理解してもらうようにした。

同時に，転勤だけがフォーカスされて，議論が混乱することを避け，地域限定総合職について，地域だけでなく職務を限定することにした。

また，申請を会社が承認することをあらためて明確にした。

会社の方針と本人の意思がずれている，例えば，その社員が全社でのハイポテンシャル，あるいは営業のハイポテンシャルと位置付けられている場合，あるいは会社がその社員の再配置の機会を模索して地域職務限定ではない活用を考えている場合には，本人に申請取り下げを求めて，面談を行って方針をすり合わせることとした。

## ■　コース設定とコミュニケーションの見直し

これまで昇格のスピードについては，横並びでの出世競争を演出しながら，徐々に選抜をしていくような仕組みとなっていたが，若手を中心に，昇格に差がついても下手に隠さない運用とするべく，見直しを行った。具体的には，人事部が次世代経営幹部候補（全社ハイポテンシャル）を明らかにして，意識的に部門を超えた人事異動を行い，部門ではそれに次ぐ若い年代層に関して部門幹部候補（部門ハイポテンシャル）を明らかにした。

そして，幹部候補に選ばれたから安泰ということはなく，必ず入れ替えがあるということを説明して，選ばれなかった者のやる気が下がるのを避け，同時に選ばれた人材に対する厳しさを示すこととした。

また，専門職についても，高度専門職として突き詰めた方が会社・本人ともに好ましいと判断される場合には，高度専門職へのキャリアを計画的に歩ませることにした。

## ■　キャリアに関する人事部面談制度の導入

フィードバックに加えて，それまでの評価と今後の育成方針に関して，人事部が，直属のラインとは異なる視点でじっくり話をする機会を設けることとした。人事部の管理職が，一定年次を対象に，階層別研修のタイミングに面談を実施するのである。

面談では，所属している組織が本人をどのように評価しているのかを，人事部が，第三者的に提示し，本人のキャリア展望や働き方の意向も聞き，コース選択の前裁きを行うことにしたのである。

**このように，Ｂ社は地域限定総合職をめぐる議論を一歩進め，総合職そのもののあり方とその育成・選抜のあり方を，時代に即したものに見直すことに成功したのである。**

# 第3章 ダイバーシティのお祭りはいつまで続くのか
## ──問われる組織アイデンティティ

## 1．ダイバーシティ推進の岐路に立つＣ社

Ｃ社人事部長は，部下のダイバーシティ推進チーム長から提出された次年度計画案を読み，考え込んでしまった。

チーム長の計画はなかなか挑戦的であり面白いと思うのだが，これで会社の方針としてしまっていいのか，正直なところ自信がない。

ダイバーシティ推進チームのこれまでの活動に関しては，上司として理解し，支えてきたつもりである。その結果，取り組み状況は業界においても最大手と肩を並べるレベルになっている。

それは良いのであるが，現時点においては，この計画を承認してさらに一歩進めていくべきか，ちょっとスピードを緩めるべきか判断が難しい。人事部長は状況を整理してみることにした。

### ■　これまでのダイバーシティ推進の取り組みと攻めの計画

キッチン関連製品の製造企画と販売を行うメーカーであるＣ社が取り組んできたのは，ダイバーシティ推進とは言っても，女性活躍推進に関する取り組みであった。

独立した部署としてダイバーシティ推進チームを設置したのは４年前で，来期から５年目に入る。最初は規程など基盤を整備することから始め，啓蒙活動やネットワーク活動などで雰囲気を盛り上げ，足元を固めてきた。

部署設置から今年度までの4年間の主な取り組みは**表3－1**のようになっている。

直近の1年は，女性管理職を増やすための準備作業として，現在の女性管理職と候補者の上司と今後の育成・活用の方針のすり合わせの実施が主な活動であった。

**表3－1　ダイバーシティ推進施策の経緯**

| ＜実績＞ | ＜実施施策＞ |
| --- | --- |
| 事前 | 規程整備　ダイバーシティ推進チーム組成 |
| 1年目 | 社内向けセミナー　女性管理職によるネットワーク作り |
| 2年目 | 営業部門への女性配属　事務系総合職採用比率の引上げ |
| 3年目 | 女性活躍推進法に基づく行動計画決定　ダイバーシティ・マネジメント研修 |
| 4年目 | 女性管理職候補へのキャリア意向調査 |

そして，先日提出された5年目の計画では，女性管理職比率目標の実現に向けて部門ごとに計画を策定してもらうことと，女性管理職候補向けの集中的な研修が挙げられ，さらに男性の育児休業取得の促進という新しい提案も加えられていた。

「結構攻めている内容だね」と感想を述べたところ，チーム長は「他社はもっと先に行っています。当社ももっとやらないと」と，やる気に満ちた表情を見せた。

| ＜計画＞ | ＜施策案＞ |
| --- | --- |
| **5年目** | 女性管理職候補者育成プログラム<br>部門別女性管理職登用計画策定<br>男性育児休業取得促進 |

一方で，人事部長は，ダイバーシティ推進の取り組みに関する最近の社内の反応を思い返していた。

## ■　盛り下がりつつある社内の雰囲気

ダイバーシティ推進チームでは定期的にアンケートを取って，状況を確認している。

取り組みがスタートした2年間は目覚ましく女性社員の意識は向上したが，このところは伸び悩んでいる。チームでは改革疲れの傾向があるのではないかと分析している。

働き方改革も同時に進行しており，若手男性スタッフはおおむね肯定的に改革を捉えている。ただし，まだ他人事として捉えている傾向もあり，今回の育児休業取得に対してどのような反応が出てくるのかは分からない。

C社は，キッチン関連商品という女性をターゲットにした製品を取り扱うものの，実際には問屋との取引が多く，いわゆる男社会の業界であり，元々女性の活躍余地は限定的であった。

取り組みがスタートした当初は，これまでの社内の古い体質を変えることができるのではないかと，営業でもかなり好意的に受け止められていた。しかし，雰囲気が少し変わってきたのは昨年からである。新卒の女性社員比率をかなり高め，営業部に女性を積極的に配属したのであるが，営業の現場にうまく馴染めない若手女性社員が出てきて，営業所の管理職が悲鳴を上げるとともに，女性社員の方も本社に異動を希望する者が続出したのである。昨年，この問題が発生した際には，人事部長が営業部長と直接話して何とか理解を得たものの，来年度の営業への女性新人配属は厳しいという感触であった。

一方で，広報やIRといった外向きのPRを行う部署からは，世間的にはこのくらいの取り組みをやっていかないと，古い体質と思われてしまうということで，全面的に賛同を得ていた。

## ■ 人事部長の悩みと見えてこない社長の意向

実行計画を手にした人事部長は，この計画をこのまま管理部門管掌専務に持っていくのはためらわれた。個人的には，自分の妻も働いていることもあり，女性の活躍に理解はある方だと思っている。しかし，人事部長としては，現場の意識レベルと女性の意識レベルの現実を踏まえないと，施策が空回りしてしまう危険性も感じている。

ダイバーシティ推進チーム長は，「行動計画は社外にコミットしたものなので，会社を挙げて取り組むのは当然である」と考えているようであり，新機軸の男性育児休業は話題性を狙ったものと見られる。

人事部長としてこれまで営業とやり取りしてきた感触からは，この計画を出すと，現場からの反発は相当なものになると想像できる。その点はチーム長もある程度理解はしていると思われ，それを分かりながらも敢えて挑戦的な計画を出してきたのである。

チーム長はダイバーシティ推進の取り組みを通して会社の文化を変えていきたいという強い思いを持っているのだ。人事部長は，上司としてチーム長のこの思いを理解しているだけに，簡単に「この計画は難しい」とは言いづらいと感じている。

さらに，悩ましいのは経営陣の判断である。

まず，専務からはトーンを落とすように指示される可能性が高いと予想される。というのも，専務からは，営業とのすり合わせに関する報告の際に，「ダイバーシティは時代の流れだからとりあえずは今のままでもいいが，あまり調子に乗り過ぎない方がいいぞ」という趣旨のことを言われていたのである。

しかし，社長がダイバーシティ推進というテーマに関して，どのような思いを持っているのかは分からない。本件に関しては，これまで社長は基本的に，専務が前捌きしてきたものに対して承認を与えてきただけである。社内向けのメッセージも事務方である人事部が原稿を書き，それを読んでもらってきた。

実のところ，今まで直接，社長の本当の思いを聞く機会はなかったのである。

いずれにしても，この計画をどうするかがC社のダイバーシティ推進の取り組みの今後の流れを左右すると思われ，慎重に考えなければならないと人事部長は感じている。

## 2．組織文化改革をめぐるC社の問題構造

### ■　組織文化改革としてダイバーシティ推進を捉える

本来，ダイバーシティ推進の対象は，女性に限定されるものではなく，外国人，障がい者，性的マイノリティ，中高年社員まで含む大きな取り組みである。

しかし，日本においては，先進国の中でも女性の活用が進んでおらず，政府としても，まずは女性活躍推進を重点的に進めていこうとしている。

経済産業省が2017年に取りまとめ，2018年に改訂された「ダイバーシティ2.0行動ガイドライン」においては，「多様な属性の違いを活かし，個々の人材の能力を最大限引き出すことにより，付加価値を生み出し続ける企業を目指して，全社的かつ継続的に進めていく経営上の取組」であるとダイバーシティ推進を定義している。

そして，「もはや『ダイバーシティは本当に必要なのか』という議論に時間を費やすのではなく，一刻も早く具体的な行動を起こし，実践フェーズへと移行すべきである」と強い危機感を持ってまとめている。

まず，ここではダイバーシティ推進を加速させるのに，どうして政府をいらだたせるほどに日本企業のダイバーシティが進まないのかについての要因を明らかにしておく必要があろう。

それは，日本企業における伝統的な組織文化にダイバーシティと相反する要

素があるからであろう。その代表が「集団主義」である（トリアンディス[1995]）。

日本企業の集団主義的な志向は，仲間内の平等意識を生み出し，集団の構成員には心地よい閉じた空間が確保される。そして，その空間を確保すべく，集団から外れている者を遠ざけていこうという行動が生まれるのである。これは，男性社会対女性社会，正規社員対非正規社員，日本人社員対外国人社員，と伝統的な日本企業の色々なところで見られてきた隠れた対立構造である。

仲間内の論理が自分を守ってくれるという，集団内の心地よさを捨て，異なる出自のメンバーを集団に取り込み，その中で生じる異化作用を通して新たなものを生み出していけるような組織に変わっていけるかとなると，まだ多くの日本企業にとって，実際のところはかなり困難を伴うように思われる。

というのも，長い間，そういった均質的な集団の中で過ごしてきた結果，異なる文化と接触し，議論を尽くして何かを生み出していくということができないメンバーが多いのである。これは，社員のみならず，純血主義の中で出世してきた経営者についても同じことが言える。

## ■ ダイバーシティ推進の理想と現実

ダイバーシティ推進というコンセプトは，政府が主導して強力に進めてきたこともあり，企業側の意識はかなり高くなってきているのは確かである。しかし，各社が大同小異の「前向き」な施策を並べているものの，その施策がどこまで実態を伴う効果を上げているかは，組織によって大きく異なる。

そもそも，ダイバーシティというのは，人権など非常に根源的な問題に根差しているため，それ自体に反対する人は少ない。しかし，企業活動の中で，どこまで取り組むべきかという本音の部分については，人によって考え方は異なる。その本音の部分については，表立って議論されないことが多く，個人の本音が集合して形成される組織としての「本音」が「建前」とせめぎあいながら，実態としてのレベル感が決まってくることになる。結果としてどこで線を引かれるかについては誰も分からないのである。

人事部長は，まさにC社という組織の建前と本音のせめぎ合いの中にいるのだ。

---

## 3．現実的な組織文化改革の進め方

---

### ■ 組織文化の変化に関する2つの流れ

日本企業の組織文化の基底には，前述のような排他的で均質的な組織を心地よく感じる行動様式が根付いている。ダイバーシティ推進においては，これを変えられるかどうかが問われることになる。

では，組織文化はどのように変わっていくのだろうか。

一般に，組織文化の変化には2つの種類がある。

1つは，企業の取り組みとは違うところで世の中の常識が変わっていく場合である。企業にとっては「受動的な変化」と捉えることができる。会社として何をしたわけでもないのだが，世の中の流れによって「組織の当たり前」が変わってくることを感じることは多いのではないか。

もう1つは，企業自らが，組織内の価値観を「能動的に」変えていく場合である。不祥事発生後に生き残りをかけて意識改革していく場合や，グローバル化に対応するために組織文化を変える，などの取り組みが該当する。

ダイバーシティ推進は，この2つの流れが組み合わさりながら流れていく。

すなわち，政府の取り組みやマスコミの影響を受けながら，世の中の「当たり前」が徐々に変わっていく中で，会社も，どこかで意識的にその流れと協調しながら自社の組織文化を変えていかなければならない。

このC社は，ちょうどその狭間に位置していると見ることができる。

### ■ チェンジマネジメントに関する残念な状況

以上の2つの変化の種類のうち，能動的に組織文化を変えていくための方法論を「チェンジマネジメント」という。

チェンジマネジメントの大家であるジョン.P.コッターは，『企業変革力』［2002］において，組織文化改革を８段階に分け，第１段階から順を追って進める必要があると説いている。

▶ 図３－１　組織文化改革の８段階

| 組織文化改革のステップ | |
|---|---|
| | 第１段階：危機意識を高める |
| | 第２段階：改革推進のための連帯チームを築く |
| | 第３段階：ビジョンと戦略を生みだす |
| | 第４段階：変革のためのビジョンを周知徹底する |
| | 第５段階：従業員の自発を促す |
| | 第６段階：短期的成果を実現する |
| | 第７段階：成果を活かして，さらなる変革を推進する |
| | 第８段階：新しい方法を企業文化に定着させる |

出所：ジョン.P.コッター『企業変革力』［2002］p.45を基に著者作成。

これをＣ社に当てはめるとどうなるのか。

第１段階から厳しいと言わざるを得ない。Ｃ社においては，ダイバーシティを推進しなければならない緊急性は存在しない。ダイバーシティ推進チーム長は，計画を守らないとまずいと思っているものの，大半の社員は，計画が達成できなくても何とかなると高を括っているきらいもある。

では，Ｃ社では受動的な組織文化の変化，即ち世の中の流れを見極めながら，行き過ぎず，遅れ過ぎず，粛々とダイバーシティ施策を推進していく，ということで良いのだろうか。そのような幕引きを人事部長と専務で勝手に決めてしまってもいいのだろうか。

恐らく，残念ながら，人事部長個人では，仕組みを考えることはできても，組織文化を変えるだけの力を持っていない。しかし，トップの意思を忖度して，適当なところでお茶を濁して収束させるように持っていくことはできる立場ではある。

まずは，ミドルとしての人事部長のスタンスが問われるのである。

## ■ トップの覚悟を質すための組織アイデンティティというコンセプト

C社のダイバーシティ推進は，岐路に立っている。これまでは，何とか，世間の動向に追いつき追い越せという形でやってきたが，ここから先に進むのであれば，トップの積極的な支援が必要になる。一方で，トップの反応次第では，ここら辺で，様子を見るために一休みすることもあり得るかもしれない。

本ケースにおいて，人事部長がやらなければならないのは，幾つかの改革のストーリーを描き，社長の覚悟を確かめることである。そして，その結果に従って事務局として改革を進めていくことである。

この先も積極的に進めていくというのであれば，改革のオーナーとして社長をしっかりと巻き込むことは必須である。「やる」という言葉だけもらって，はしごを外されるようなことは避けなければならない。

ダイバーシティ推進には，トップのコミットメントが必須であるという主張も多いが，これすら建前論になってしまうことも多い中で，社長の覚悟を明らかにするには，どのような聞き方がいいのか。

上位者の意思を適当に忖度することとは違い，本音を引き出すのは案外難しい。例えば，ダイバーシティ推進チームの案を見せて「やりますか？」と聞くというやり方では，建前論としての「分かった」という答えしかもらえない危険性がある。

また，コストとベネフィットを比べて提示するのも，ダイバーシティは損得勘定になじむものではないだけに，有効ではない。

社長にはトップに相応しいレベルでの意思決定を迫るべきである。

ここでは，「組織アイデンティティ」という概念を念頭に置きながら，トップの覚悟を質すのが適切ではないかと考える。

「組織アイデンティティ」とは，1985年にアルバートとホウェットンによって提唱されたコンセプトであり，「われわれは何者か？に関する組織あるいは組織メンバーによる理解」であり，組織文化の基底をなすものとされる。

例えば，ダイバーシティ推進に特に熱心な会社が，必要最低限のレベルで止める会社と何が違うのかを掘り下げていくと，前者は「われわれは社会的な問題に率先して取り組み，社会から尊敬されるような会社である」という認識が組織として共有されている点にあると思われる。

一方で，色々な施策を講じても，結局のところ，集団主義的な行動パターンを捨てきれない会社もあり，その変われない理由の１つに，この組織アイデンティティの問題は大きく影響しているように思われる。

こういったことは，日頃明らかにされることのない深層の部分である。しかし，意識的に変えようとするならば，経営者が自社を，どのような会社で「あるべき」と認識しているのかを明らかにする必要があろう。

そうすれば，どこまでダイバーシティ推進をやるのかについての答えが，おのずから見えてくるのである。

## ４．C社はどのようにダイバーシティを推進することにしたのか

では，C社人事部長が社長にどのように迫り，何を引き出したのかを明らかにしていきたい。

### ■　組織アイデンティティを軸に作りこまれた改革ストーリー

人事部長は，社長に今後のダイバーシティ推進のあり方を説明する時間を作ってもらった。専務も，最初は文句を言っていたが，社長の本音を引き出したいという説明で納得してもらった。

そこで，組織アイデンティティを軸にした幾つかの改革案を提示し，判断を仰ぐこととした。

ダイバーシティへの取り組みを考える際に，想定される組織アイデンティティは，分かりやすくラベリングすると，次の3つのいずれかになるものと考えた。

▶ 図3－2　組織アイデンティティに基づくオプション

| | |
| --- | --- |
| ①社会貢献型企業『善い企業』 | 目先の多少のコストや問題を飲み込んで，むしろ社会的な問題解決に積極的に取り組む。 |
| ②選択的社会貢献企業『上手い企業』 | 社会的問題を解決する意義は感じてはいるものの，利潤追求も大切であり，最適な組み合わせを賢く見つけていく。 |
| ③利潤追求型企業『強い企業』 | 積極的に社会的問題の解決に取り組むのは，他の会社にやってもらえばよく，当社は競争相手に勝ち，生き残ることを最優先とする。 |

C社のこれまでの取り組みからは，③ということはあまりないのかもしれないが，現場での認識はここに近い可能性はある。

そして，ダイバーシティ推進チーム長のスタンスは①であり，これに対して，専務は②であると推測できる。

社長には，①～③に基づく改革の取り組みを見せて，反応をうかがうこととした。改革のシナリオについては，どのような施策を仕組み・仕掛けとして考えるのか，どのような体制でそれを進めていくのかという観点でオプションを策定した。

組織アイデンティティを踏まえた改革シナリオとそれを進めるに当たっての体制も入れてまとめたのが図3－3である。

## ■　社長の判断とその後の展開

図3－3の①から③のいずれにしていくか，社長の判断を求めたところ，

▶ 図3－3 組織アイデンティティと改革シナリオ

| <組織イメージ> | <実施施策> |
|---|---|
| ①社会貢献型企業『善い企業』 | 他社の施策をベンチマークして，他社より先進的な事例として，社内外にアピールできるような制度を施行する。<br>推進体制は，社長を中心にした，社内横断的なプロジェクトとし，広報部やIR担当部署も重要な役割を果たすことになる。<br>これまでは社長は前面には出ていなかったが，さらに一歩進めるべく社内の利害調整も含めて，リーダーシップをとって進めていくことになる。 |
| ②選択的社会貢献企業『上手い企業』 | 各施策をコストと効果の二軸で整理した上で，個別にやるかどうかを意思決定する。<br>コストについては，要員調整の手間や女性以外へのしわ寄せの有無も含めて考える必要がある。また，効果については，社会的評判と人材の有効活用や組織活性化という観点から考える。<br>施策をどこまでやるかについては，社長と専務が決定し，実行に関してはダイバーシティ推進チームが担当する。体制としては，現状と変わらない。 |
| ③利潤追求型企業『強い企業』 | 他社の施策をベンチマークし，どこまで体裁を整えれば問題とならずに済むのかを明らかにする。その上で，あまり手間の掛からない前向きな施策を幾つか混ぜる。<br>取り組みが一段落したところで，ダイバーシティ推進チームは解散し，人事部で業務を巻き取る。 |

「当社も余裕があれば①と行きたいところだけど，まあ②なんだろうな」という回答であった。

その後，人事部長はダイバーシティ推進チーム長に社長の方針を説明した。

そして，チーム長にこれから考えられる施策を整理する作業を命じ，コストと効果の二軸で分かりやすく整理して専務と社長に提示した。

そして，その結果，男性社員育児休業促進施策は見送られ，女性管理職登用をさらに進める施策を中心にするものの，昨年度の面談を基に，女性管理職と候補者を上司が着実に育成・活用しているか，実施状況を本人も含めてフォローしていくことが施策の中心になったのである。

## ■　組織文化改革の着地点

後日，人事部長はダイバーシティ推進チーム長から相談を受けた。

「理屈の上では②と③の違いは分かるものの，結局は会社として出来ることをやるだけであり，結果として社長は組織文化を何も変えようとしていないのではないか？」と受け止めており，そんな中でこのチームを存続させるのは，偽善のように思えるということであった。

チーム長は，ダイバーシティ推進に対する強い思いを持っており，①社会貢献企業を選ばなかったトップには裏切られたと感じたのである。

人事部長は，冷静に説明した。

「会社の現実的な選択として，ある施策を採らずに，他の施策を採ったとする。理由はどうであれ，採ることになった施策については妥協することなく最大の効果を上げなければならない。最大の効果を上げるためには，それを阻害するような価値観や慣行は排除しなければならない。その意味では，組織文化を変えていくことは依然として必要なのだ。そのために，社長が必要であれば，堂々と担ぎ出せばいい。社長がここまではやり切ると決めたことなんだから。」

「分かりました。会社には，それぞれの組織文化改革のスピード感というのがあるんですね。ダイバーシティをちょっとでも前に進めていく必要がある限り，それを確実なものとするのが私たちの仕事なんですね」と少し明るい顔になったチーム長を見て，人事部長は安心した。

「その通りだ。女性管理職の育成活用に消極的な部署があれば，怯むことなく，どんどん文句を言うのがチームの役割だから，頼んだよ」

「はい。分かりました」

このようにして，C社はダイバーシティ推進をめぐる微妙な問題を，組織アイデンティティというコンセプトを用いて改革の意味合いを明らかにし，関係者の足並みを揃えることができたのである。

第Ⅰ部のまとめ

# 第4章 人材フレームをめぐる日本企業の課題と解決方法

## 1．人材フレームをめぐる変化への対応

### ■ 第Ⅰ部事例の振り返り

本書では，職掌や職種といった仕事の括り方と役職や等級などによる序列を組み合わせてその組織の人事管理の枠組みとして「人材フレーム」という言葉を使っている。

第１章のＡ社から第３章のＣ社までの３つの事例は，この人材フレームが見直しを迫られている状況についての事例であった。

Ａ社においては人事制度を仕事ベースに切り替えることが求められており，Ｂ社においては総合職の枠組み自体が問われていた。そして，Ｃ社では多様性を組織としてどこまで実現していくのかが問われていた。

これらの事例で見てきたように，人材フレームを組み替えていくというのは簡単な話ではない。というのも，人材の区分についての意識や序列感は，ルールとしての人事制度とは別に，長い年月を掛けて，組織に根付いてしまっているからである。

### ■ 日本企業の伝統的な人材フレームと迫られる変化

事例に限らず，昨今，日本企業においては，伝統的な人材フレームが色々な形で変革を迫られている。

これまでの日本企業においては，総合職を中心とした年功的かつ排他的な構造が内在されていた。しかし，これが十分に機能したのは右肩上がりの高度成長期までであり，その後は成果主義や役割等級制度の導入など2000年代から継続的に見直されてきた。そして，この見直しは，20年経った現在も続いている。

何故，何年経ってもこの流れは終わらないのか。

１つには，これまでの改革がことごとく中途半端なものでしかなかったということが指摘出来る。例えば，男女雇用機会均等法が施行されたのは30年近く前であるのにもかかわらず，改めて女性活躍推進がうたわれるのは，法制度があっても企業の根本的な行動パターンは変わっていなかったことの証左である。女性の活用に限らず，人材フレームの見直しを狙った制度を導入しても，やり切れないままに放置されてきたり，制度自体が曖昧さを許容する仕組みになっていたのである。

もう１つには，労働環境や社会環境の変化が，人事制度改革における想定を超えて大きかったということがある。例えば，少子高齢化やグローバル化の進展は，多くの企業にとっては想定以上だったのはないか。また，急激な技術変化も，個々の社員が積み上げてきた知識・経験の陳腐化を速めてしまうという点で，間接的に影響している。

さらには，経済のグローバル化に伴う外国人株主や機関投資家の発言力強化によって，経営の透明性やアカウンタビリティ，そして，持続可能な社会に対する企業の貢献が求められるようになっており，これが日本的経営におけるガバナンスのあり方に対して影響を与えている。これは，取締役の内部昇格の是非をめぐる議論などを通じて，幹部社員の人材フレームにも影響を与えているのである。

## ■　無視できない変化への抵抗勢力

人材フレームを変えるということは，社内のヒエラルキーを変えていくことであり，これまで社内で「えらい」とされてきた社員が「えらくない」立場になる可能性を秘めている。言ってみれば，男性・管理職・総合職・中高年・正社員といった，これまでの人事管理の中で相対的に有利なポジションに位置し，言ってみれば既得権を享受してきたグループに何らかの見直しが加えられることになる。

事例では，これに対する抵抗が色々な形をとって現れたと見ることが出来る。A社では仕事ベースの人事制度に対して運用が骨抜きされ，B社では地域限定総合職の導入結果に対する不満があった。C社においては，ダイバーシティ推進に対する社内の一部にある懐疑的な受け止め方として現れてきた。

いずれも，正面切って会社の制度に異を唱える程ではないが，少なくとも一部の社員は腹落ちしていない状況であり，このまま進めていっても改革をやりきれず，これまでのような中途半端な改革の再現になってしまうことが懸念されるのである。

## ■　制度そのものが変化に抵抗する：制度の補完性

変化への抵抗は既得権の主張だけではない。人事「制度」そのものにも変化に抗う性質があるのだ。ご存知の通り，人事制度は単に等級制度や処遇だけでなく，採用の仕組みや正規社員と非正規社員の区分といった他の人材管理の仕組みと不可分の関係にある。「制度の補完性」と言われるものである。

さらに，人事制度は，予決算等の社内の管理会計と評価制度の連携もあり，所得税における配偶者控除や退職金への課税方法，社会保険の加入の仕組みや年金受給開始年齢などの福利厚生関係の仕組みとも結びついている。また，判例の積み重ねによって確立してきた，日本企業の解雇困難性も制度の前提となっている。

このように各種制度が相互に関連しながら，長年の間に最適化されている状況においては，一つの制度を変える一方で，関連する仕組みをそのままにしておくと，これまで合理的であった仕組みがうまく回らなくなってしまう。

例えば，新卒一括採用という制度は，大学を卒業したばかりで，特にこれといった専門性を持たない新入社員に対して，色々な経験をさせながら育てていくという総合職の仕組みの前提条件とも言え，年功的な昇格や遅い昇進競争といった仕組みとうまく適合していたのである。

これをＢ社の事例のように，総合職の転勤を見直すことになると，話は転勤の意味合いから，総合職とはそもそもどういう位置付けなのか，年功的な昇格の是非や仕事ベースの給与のあり方まで検討しなければならなくなる。さらに，そもそも論を言うのであれば，大学教育において社会に出る学生に何を学ばせるべきかという問題にまで波及するのである。

## ■　変化への抵抗をどう捉えるか

人材フレームを変えていこうとすると，以上のような抵抗が生じる。ここで問われるのが，この抵抗の捉え方である。改革を進めようとする人事部が，抵抗を「あってはならない」ものと捉えるのか，「当然あり得るもの」として捉えるのかによって，その後の対応が変わってくる。

抵抗を頭ごなしに否定しようとする姿勢は，Ａ社の事例のように，意識してグローバルスタンダードと言われている仕組みを導入しようとするような場合に起こりがちな発想である。しかし，超優良企業と自社を比べて，「当社はダメだ」と嘆いても建設的ではない。そこから何かが生まれることはほとんどないのである。結果的に，現場において，本音と建前の分離が固定化し，問題が潜行してしまい，結果的に有効な対応ができなくなってしまうのである。

抵抗を当然のことと捉え，現場が迫られている変化を正面から捉え，変えるべきところは変えていくというスタンスで臨まないと，中途半端に日本的人事慣行を引きずって，人材を十分に生かしきれない企業体質は変わらないのである。

## 2．人事制度改定における重層的な取り組み

### ■ 単純な仕組み導入による改革推進の限界

様々な障害を乗り越え，人材フレームの改革をやり切ることができるかは，環境の変化に対して人的資源のあり方を自ら組み立てなおせるかということである。しかし，組織は単純なものではない。企業が自らを変えていくには，経営者がどういう仕組みがいいのかを考え，それを命じても，その通りにはならないことが多い。

どうしてその通りにはならないのかについては，それなりの理由があるはずである。その理由をしっかりと受け止めて，正面から対応していくことが，結果として組織にとっての改革の意味を明らかにすることになり，最終的に改革をやり切ることにつながるのである。

では，変化への抵抗はどこから生まれてくるのか。反対意見は，大抵「当社では…」「当部門では…」と，組織を主語にして反対の理由が語られる。つまり，組織として共有されている価値観や行動様式にそぐわないという理由がほとんどなのである。つまり，変化への抵抗を理解するには，組織で共有されている価値観や行動様式まで含めて理解しなければならないのである。

### ■ 制度と組織文化の関係

人材フレームは組織の秩序の根幹にかかわることであり，組織文化と密接に関わっている。

制度と組織文化については，E.H.シャインの『企業文化　生き残りの指針』[2004] に示された3段階のモデルで考えるのが分かりやすい。原著では「Artifacts（文物）」「Espoused values（標榜されている価値観）」「Basic underlying assumptions（背後に潜む基本的仮定）」となっているのだが，本書では実務家にも分かりやすくすべく，その意図を汲み取って，**図4－1**のよ

▶ 図４－１　組織文化を捉える３段階モデル

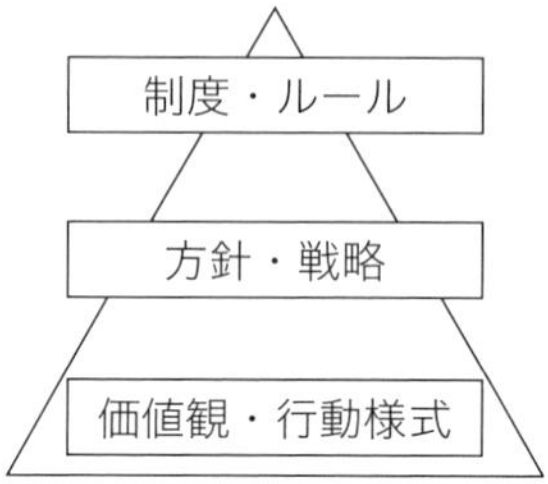

出所：E.H.シャイン「企業文化　生き残りの指針」[2004] p.18を基に著者作成。

うに「制度・ルール」レベル,「方針・戦略」レベル,「価値観・行動様式」レベルと表記してみたい。

「制度・ルール」レベルは，シャインが示したように，規程やルールとして定められているものであり，我々が「人事制度」がどうであるべきかを議論するのは，このレベルである。

次の,「方針・戦略」レベルは，会社として，この仕組みを通じて何を狙っているのかという制度の上位概念である。どういう人材を狙って育てていくのか，どういう人材を評価していくのか，会社としての方針や戦略が明確であれば，制度の内容をどうするか，制度をどのように運用するかが決まってくる。

一番下にある,「価値観・行動様式」レベルは，制度や戦略のように，会社が意図的に決めるものではなく，組織成員によって共有されている行動様式や価値観である（第３章では，これを狭義の「組織文化」と記載した)。これは，組織内部で成功や失敗によって長い間に蓄積された結果，共有されているものである。例えば，上司には意見をすることが当たり前となっている会社がある一方で，思っていても誰も上司に物申さない会社もある。これは，上司に対してどのような行動を採るとうまくいき，どのような行動がうまくいかないのか，上司や先輩から不文律として受け継がれてきた行動様式が存在するのである。日本企業の人事慣行も，本をただせば，組織において求められる行動様式の積み重ねに根差している。実際のところ，どんな制度を導入してもこの「どういった行動が求められているのか」という暗黙のルールが変わらないと，なかなか運用されないということになってしまうのである。

このように階層を分けると，制度そのものだけでなく，その背景にある戦略や行動様式といったものの影響を考えることができる。単純に「制度は運用しなければならない」という掛け声や「意識改革が大切」といった紋切り型のアドバイスではなく，この３つの階層を意識しながら改革を進めていく「重層的なアプローチ」が必要なのである。

### ■　重層的なアプローチによる振り返り

事例を振り返り，この重層的なアプローチについて確認してみたい。

第Ⅰ部の３つの事例において，有効であった解決策は，それぞれのレベルに分かれている。

Ａ社はグローバル化に伴う仕事ベースの人事制度導入において，方針・戦略レベルでは合意が取れており，制度・ルールレベルに関する取り組み方の巧拙が問われた事例である。Ｂ社は，地域限定総合職制度を導入したことにより，方針や戦略が問われることになった事例である。Ｃ社はダイバーシティ推進をどこまで進めるかにおいて，組織アイデンティティのあり方まで掘り下げた事例であり，最も深いレベルまで掘り下げた解決策であった。

具体的な事案に対して，どのレベルの解決策が有効であるかは，状況をよく見極める必要がある。重要なのは，状況に応じて，どのレベルについても打ち手を講じることができるようにしておくことである。逆に，「制度を何とかする」しか対応策がないとすると，仮に課題が価値観・行動様式のレベルにあったとしても有効な対処ができないのである。

## ３．改革のストーリー作り

多くの企業において人材フレームの見直しが迫られている中，単なる制度変更ではなく，戦略や価値観まで含めた重層的なアプローチが必要であると述べてきたが，各社においては，どのように取り組んでいけばいいのか。

改革を進めていく人事部は，まず，「課題はどのレベルにあるのか」を明らかにして，「それはどのようにしたら解決できるのか」を考え，「そのためには誰をどのように巻き込んでいくべきか」という配役まで想定することが求められる。言うなれば「改革のストーリー」を描いて，流れを作っていくプロデューサー的な役割が人事部に求められると言える。

▶ 図4－2　改革のプロデューサーとしての人事部の役割

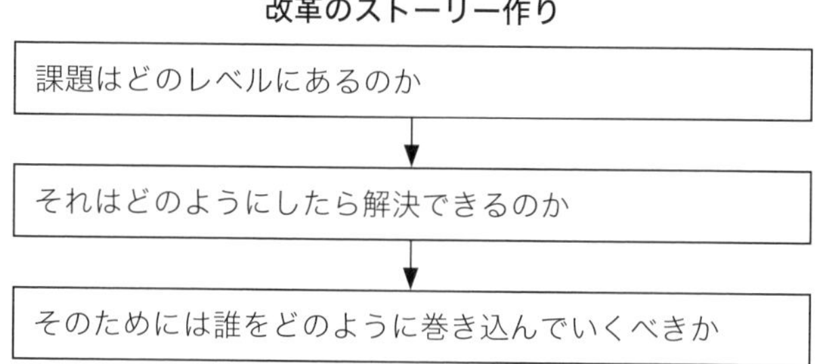


## ■　課題はどのレベルにあるのか？

人材フレームの見直しは，先に述べた階層構造で言えば，ほぼすべての見直しが3つのレベルに関係してくる。

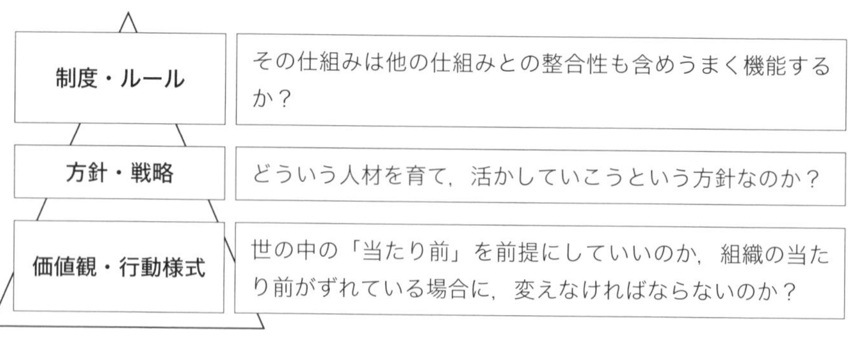

しかし，状況に応じて，ある組織のいずれかのレベルにおいてはとりあえず問題がなく，課題として認識する必要のない場合もある。例えば，Ａ社の事例では，方針や価値観レベルの問題は潜在しているものの，人事制度変更に関して関係者がその真意を理解すれば先に進むことが想定され，課題はないと捉えることが出来る。それよりは，制度導入に当たって，関係者に腹落ちしてもらうようなプロセスに課題があったのである。

それぞれのレベルにおける課題の有無については，次のような問いかけをしてみると分かりやすい。

これらの問いかけを行い，ほぼ白黒ついているところは置いておき，白黒をつけなければならない状況にある論点を「課題」として捉えるべきなのである。

３つの事例のレベル別の問題の捉え方は**表４－１**のようになる。

「白黒のついていない」ところを太枠で囲っているので見ていただきたい。そして，太枠の課題を明らかにすると，次のレベルの課題の解決の方向性が明らかになる。例えば，Ｂ社の方針レベルの問いに答えがあれば，自ずと制度・

**表４－１　事例３社の各レベルの問題の捉え方**

| | A社 | B社 | C社 |
|---|---|---|---|
| 制度レベル | 仕事ベースの人事制度は有効に機能するか | 転勤なしの総合職という仕組みは他の制度と整合するか | 掲げたダイバーシティ施策はやり切れる内容か |
| 方針レベル | グローバル化に向けて組織人材をどのように変えていくのか | 幹部候補の育成にどう取り組んでいくのか | ダイバーシティ施策にどこまで踏み込んでいくのか |
| 価値観・行動様式レベル | 伝統的な日本の企業文化へのこだわりはないのか | 会社にとって使い勝手の良い総合職はもはや時代遅れか | ダイバーシティに関する世の中の流れに対してどういうスタンスで臨むのか |

ルールレベルの問いには答えの方向性は明らかである。逆に方針レベルの答えが出ていない中で，制度・ルールレベルの答えを得ようとしても解けないのである。

## ■　課題はどのようにしたら解決できるのか？

これら3つのレベルに課題を分けると，それぞれの解決の方向性もレベルに応じたものとなる。これを考えていくと，「重層的なアプローチ」の意味合いが明らかになる。

まず，制度・ルールレベルの課題は，制度をより良いものにしていくか，運用や手続面での工夫をすることになる。目指すのは，上位方針や組織の価値観や行動様式に即した制度であり，他の制度と連動しながら，着実に運用され，制度の狙いが実現されるものであるということができる。

次に，方針・戦略レベルの課題の解決は，決まっていないことを決めるということになる。ここでいう「決める」というのは，形式的に決めるだけではなく，関係者が方針についてしっかり了解している状態を指す。そのためにも，価値観や行動様式との整合性が重要になる。

さらに，その方針を実現させる手段として，改めて「制度」が位置付けられることになる。方針レベルの課題の解決は，それを実現するための手段である「制度」と組み合わせて図る必要があるのだ。

最後の価値観・行動様式レベルの課題の解決は最も困難である。例えば，人事部が何かの制度を導入する際に「会社を変えます」と宣言したからといって，すぐに変わるものではない。ここで問われるのは，組織の「当たり前」を変えていくことであり，かなり骨の折れる取り組みになる。一方で，組織の「当たり前」が勝手に変わっている場合もある。社内にも世の中の流れは確実に流れており，人事やトップが頑張らなくともいい場合もあるのだ。

問題は，世間の「当たり前」と社内の「当たり前」のずれがある場合である。

例えば，女性の社会進出は「当たり前」であり，かなり保守的な業界においても，それに異を唱える幹部社員はほとんどいない。一方で，男性も育児休暇を取ることを「当たり前」とするかと問われると，どこまでが「当たり前」なのかは微妙な話になってくる。個人的な意見として，「そんなの当たり前だよね」と語る分には簡単であるが，それを会社において「当たり前」にしていくには，かなりの労力が必要となり，人事部だけでやり切ることは難しい。そうなると，トップの力を借りなければならないということになるのである。

そして，トップなどを巻き込み，「組織の『当たり前』を変えるのだ」という強い覚悟の下で，方針を決定し，それを実現するための手段として制度を展開するという重層的なアプローチが必要になる。

## ■　誰を巻き込んでいくべきか？

人材フレームを変えていく際には，多くの抵抗が想定される中で，人事部単独ですべてを解決していくことは難しい。そうなると，誰を巻き込むかがポイントになる。

単純にトップを巻き込めばいいという訳ではない。A社の事例にあるように，トップの方針を落とし込むところに課題がある場合には，方針レベルでのカギを握っている部署の責任者と，現場への浸透に影響力があるポジションの役員を巻き込むことが効果的であった。

また，C社の事例のように，トップを巻き込む場合にも，どのような形で動いてもらうのか，その先まで見通した上で巻き込まないと，組織を変えていく流れにはならない。

中でも，最も難しいケースは，事例では取り上げなかったが，トップの「当たり前」が明らかにずれている場合である。この場合には，トップにこのことに気付いてもらい，自らの間違いを正すことから変革をスタートさせなければならない。

こういった状況においては，人事部は，「誰が鈴をつけるのか？」「誰に火中の栗を拾ってもらうのか？」を慎重に見極めて動く必要がある。トップは誰がどのように話をすると認識を改めるのか，そこから先の展開においては誰が主導すれば，最後までやり切る形になるのかなど，組織の力学と登場人物の動き方の見極めといった極めて政治的な判断が求められるのである。

極端な話をすれば，人事制度を間違えたとしても，いきなり何億円の損失が出るというものではない。「どういう人事施策が正しいのか」については，法律のラインを守る限りにおいて，絶対的な解がある訳ではない。そういう中では，「どうしていきたいのか」という意思が必要であり，その意思を共有できる仲間を増やしながら，組織としての最適な解としていくのが人事施策の考え方であろう。

そうなると，人材フレームを含む制度の改革をやり切るには，人事部だけでやろうとせず，どこに組織の流れを決める力点があるのかを冷静に把握し，その力を使って潮目をコントロールすることが求められる。

そのためには，キーパーソンの見極めが重要である。もっとも，この点については，人事部は有利な立場にあるはずである。というのも，人事部という社内の色々な人材の評価を常に行っている部署においては，人事部スタッフの強みは「人材を見極められる」ことであるはずである。派閥争いなどの社内政治に巻き込まれることは建設的ではないように思うが，冷静に社内の人材を評価し，政治力学を見極めておくことは，人事部としてやるべきことをやるには必要な準備なのである。

## 4．人材フレームをめぐる今後の動き

第Ⅰ部では，３つの事例を用いて人材フレームの見直しのイメージを持ってもらった。これらの事例で触れることが出来なかったが，各企業における人材フレームに関して重要と思われる論点を２つ紹介しておきたい。

## ■ 人材を最大限に生かすための専門性の再定義

企業が持続的な競争優位性を築くためには，組織全体としてどのような能力を持っているかが問われることが多い。これは「ケイパビリティ」と称され，近時注目されている。このケイパビリティにおいては，組織における人材が有する専門性の質や量は大きな意味を持つ。

一方で，複線型人事制度等を採り入れ，専門職を活用しようという会社は多いものの，本当の意味で活かしきれている会社はまだ多くない。専門職は総合職に対する脇役から抜け切れておらず，スペシャリストとゼネラリストに関する議論も堂々巡りになりがちである。

これは，企業として，専門性を戦略・方針レベルで考えなければならないにもかかわらず，それを人材に落とし込めていないことに起因する。その結果，制度レベルで「専門性」の位置付けがあいまいになってしまっているのである。

この背景には，B社の事例で触れたように，これまでの日本企業における総合職の扱いのあいまいさがあると思われる。実態としては，総合職の中に専門性の高い人材もいるが，仕組みとしては，その専門性の高さそのものが評価されるのではなく，課長や部長として有能なのかというゼネラリストとしての側面からの評価になってしまっていることが影響しているのである。

そうなると，ケイパビリティを高めるために，専門性に関して企業がやらなければならないことは，2つある。

1つは，必要とされる専門性を企業戦略の側面からしっかり定義することである。何の仕事でも対応できる総合職をコア人材であるとしている限りにおいて，「○○では負けない」という高度な専門性を求めることは難しい。これまでは，現場に近い部署が何とかごまかしてやってきたかもしれないが，海外を含め，他社との競争が激しくなり，求められる専門性が高度化してきている現在，限界があると思われる。

そうなると，まずは，会社の方針として，競争優位性を維持するべく，社員が備えるべき専門性は何なのかを明らかにする必要がある。そして，それを確保すべく制度に落とし込むのである。どういう人材を社員として確保するかどうかが決まってくれば，専門職制度の拡充で対応するか，契約社員や業務委託でいいのか，総合職の定義に求める専門性を加えて，これまでの枠組みの中で育成確保するのかが決まってくるはずである。

もう１つは，専門性も組織管理も中途半端な人材を大量生産しないようにしなければならないということである。今や会社は，社員を65歳まで雇用しなければならない。大企業出身の中高年が再就職の際に「これといった専門はありませんが，課長ならできます」と言って，どこからも相手にされなかったという笑えない話があるが，こういった人材を抱え込むだけの余裕は会社にはなくなってきているのである。高度な専門性でなくてもいいが，「これについては誰にも負けない」という領域を持つようにすることは，会社にとっても社員にとっても重要である。もちろん，狭い範囲の専門性に固執して，仕事を属人化した結果，社内にブラックボックスがたくさん生まれてしまうことは避けなければならない。しかし，その場しのぎの玉突き人事を繰り返して，中途半端な人材を育ててしまうような仕組みは見直さなければならないのである。

### ■　日本企業の組織アイデンティティの呪縛からの脱却

次の論点は，価値観・行動様式レベルの話である。

これまで述べてきたように，企業と個人の関係性が変わってくる中で，人材フレームの見直しが進んでいるが，変化の阻害要因となっているのが根深い「日本的人事慣行」の存在である。

他国では，○○国型人事慣行が確立している訳でもなく，ベストプラクティスとしての欧米型人事慣行を大きな抵抗もなく取り入れており，制度の骨抜き等も含めて面倒くさい事態になるのは日本特有の現象のようである。それが，ダイバーシティなどについての国際比較において日本が出遅れている理由でもある。

では，どうして日本的人事慣行はここまで力を持っているのか。恐らく，それは，日本的人事慣行を「悪くない」，むしろ「良い」と受け止める中高年以上の社員の価値観に源があると思われる。

すなわち，昭和から平成にかけての日本企業の急速な成長を支えた「日本的経営」は，かつて欧米においても称賛された過去があり，その時期に伝統的日本企業において社会人生活をスタートさせた世代においては，日本的経営，日本型人事慣行が日本企業にとってのスタンダードという思いが根底にあるのだ。「我々は日本企業であり，日本人の心情に即して，日本流に経営するのは当たり前であり，それでちゃんと結果も出てきて，人も育って，上手くやってきたのだ」というアイデンティティが，組織において暗黙の下で共有され，常に日本型人事慣行を欧米のそれと比較して考える癖から抜け出られないのである。

しかし，冷静に考えると，この日本的経営礼賛というのは，厳密な論理的な考察から導き出されたものと言うよりは，単なるノスタルジーに過ぎないのではないかという見方もできる。そうなると，何が最も合理的なのかという判断に偏りが生じる危険性があるのだ。

確かに日本的人事慣行は，日本人の行動様式に合っているものなのかもしれない。しかし，だからといってそれが優れているという訳ではない。責任と権限の曖昧さや行き過ぎた平等主義など，合理的な経営を進める上では悪影響も少なからずある。

アイデンティティを持つこと自体は悪くないのであるが，それが制度に対する冷静かつ合理的な判断を歪めてしまうのであれば，変えていかなければならない。

特に，組織としてのアイデンティティは，施策方針や制度といった表には出てくるものではなく，実際には，事例で取り上げたように，制度運用時点でのグローバルスタンダードに基づく制度への不満や不作為といった形をとって現れることになる。それ故に，対応が難しいのである。

このことから，人事施策を検討する際には，裏にこの日本的人事慣行を肯定的に捉える社員が相当数いることを念頭に置き，その社員の価値観や行動様式をどう変えていくべきかをあわせて考えておく必要があるのだ。

第 II 部

# 人材マネジメントに関する課題解決

# 第5章 部下を叱れない「いい上司」が会社を弱くする

——人事管理を任せないという現実的な対応

ケース4

## 1．成長の踊り場に差し掛かったD社

健康指導サービスを高齢者向けに提供するＤ社は，若いスタッフによるサービスの提供が受け入れられ，直営とFCの両方で，最近10年で急速に全国に事業を拡大してきた。

この急成長は，業界も注目するところであり，上場も視野に入れた動きも始まっている。

しかし，直近の年度では，人材確保が思うようにいかず，出店の勢いにやや衰えが見えてきていた。これに加え，ここ数ヶ月，店舗における問題事案が連続して報告されたのである。

事案の一つ一つは深刻なものではないように関係者には受け止められていた。しかし，社長は，これら一連の問題発生を偶然のものと受け止めるべきではないとし，「Ｄ社が次のステップに進むために解決していかなければならない重要な問題だ」と，人事部長に対応を求めたのである。

### ■ D社の成長を実現したビジネスモデルと組織体制

Ｄ社は，個人別の健康増進メニューの作成に関する独自のノウハウに加え，ホスピタリティあふれるサービスとリーズナブルな料金設定により安定的に顧客を確保してきた。

Ｄ社の直営店は，店長とスタッフからなる。店長は正社員であるが，スタッ

フは一部を除いてパート・アルバイトである。

店舗運営の中心となるのは店長であり，シフト管理や顧客データの管理を行うだけでなく，営業活動の指揮も行う。パート・アルバイトの採用に関しては，面接までは行うが，最終的な決定権限はエリアマネージャーにある。

店長以外の正社員スタッフは「店長候補」として位置付けられている。店長候補として正社員は，店長を補佐しながら店舗運営を学び，新店舗オープンあるいは既存店の店長が空席となった場合に，店長として配置される。

そして，店長の中で着実に業績を上げた者がエリアマネージャーに抜擢され，5～10店舗を管理することになる。

## ■　ここ数ヶ月で発生したトラブルはどんなものだったのか

人事部長がエリアマネージャーから聞いた問題事案は**表5－1**のようなものだった。

特に，傾向としては店長が十分に店舗を管理できていないことが原因とみられる問題が多い。

## ■　スタッフが辞めないように気をつかう店長

ホスピタリティ溢れるサービスがD社の「売り」であり，社長は，常日頃から，そのためには，ES（従業員満足）が大切であると語ってきた。

最近では，D社の店舗数が拡大するにつれスタッフ募集に苦労する場合も多くなってきたこともあり，どの店長もスタッフの定着を気にしている。

そのせいか，店長がスタッフに厳しく注意するような場面はほとんど見られない。店舗は総じて和気あいあいとした雰囲気であり，上述の問題が生じた店も例外ではない。

## ■　経験則に基づくエリアマネージャーの店長指導

店長を指導するのはエリアマネージャーの役割である。

そこで，人事部長は店長だけでなく，主だったエリアマネージャーにインタ

▶ 表5－1　D社のここ数ヶ月の問題事例

| | |
|---|---|
| パターン1<br>規律のゆるみ | ルールを守らない問題スタッフがおり，それを店長が注意できていない。<br>例えば，「ひげは禁止」というルールがあるものの，「お客さんは何も言わないし，評価もされているから，別にいいじゃないですか」と反発しているスタッフがおり，他のスタッフもそれに同調するようなことがあったという。 |
| | 新人スタッフの器具の操作ミス。<br>お客様の大ケガにつながりかねない事故だったが，幸いかすり傷で終わった。 |
| | スタッフの更衣室の整理整頓が行き届いていない店舗があった。 |
| パターン2<br>労務管理 | シフト調整は店長の仕事になるが，休みを主張するスタッフに遠慮するあまり，無理を言えるスタッフに色々な日程調整が集中してしまう。店長自身も穴埋めを行うために休日出勤し，休みが十分に取れず，疲弊してしまい，退職に至るケースもある。 |
| | 時間外勤務手当の不払いではないかと，辞めたスタッフが労基署に訴え出た。<br>労基署に対して説明したところ，会社の管理に特に問題はないという結論になった。 |
| パターン3<br>業務効率 | 会社として一人当たりのサービス提供のガイドラインは30分となっており，これをベースにスタッフも配置することになっている。<br>しかし，一部拠点では，サービス向上ということで，あまりお客さんが多くないときは，追加料金なしでサービスを最長1時間まで延ばしており，採算性が悪くなっている。<br>本部から店長に指導をしても，お客さんの満足向上のためにやっていることだから，別に悪いことではないのではないかという反応であるという。 |

ビューを行い，現状を把握することにした。

まずエリアマネージャーが店長をどのように指導しているかを改めて聞いてみたが，人によって指導方法が異なることが分かった。各々の指導方法は，自分が育ってきた経験がベースになっていた。つまり，最初の頃から任せてもらってうまくいった経験のあるマネージャーは，基本的に任せることをベースとしており，権限委譲が育成につながるという信念を持っている。一方で，かなり細かく教わってきたマネージャーは，細かく指導するのである。

人事部長にはどちらのやり方が良いか判断がつかなかった。というのも，どちらのタイプのマネージャーの管理下の店舗でも同じように問題は発生していたのである。

興味深いのは，マネージャーが口をそろえて「今の店長は自分達の頃から比べるとずいぶん変わってきた」と言っていたことである。

「何が違っているのか」と問うと，「自分たちが店長だった頃は，業績を上げなければ会社が潰れてしまうという危機感があり，必死だったが，現在の店長連中にはそれが感じられない」という。そのため，文句ばかり言っているスタッフを注意するどころか，同調してしまったりと，自分の立ち位置を理解していない言動が目立つというのである。

また，店長がエリアマネージャーに「教えてもらって当然」という態度を示すことも多く，それもエリアマネージャーにとっては気になるようであった。

## 2．組織管理をめぐるD社の問題構造

### ■　店長の能力不足に原因を求めても問題は解決しない

社長の見立てのように，規律のゆるみ，業務量の偏在，業務効率の悪化，いずれのトラブルも，多店舗展開をする企業にとっては，たまたま生じた事象として看過するべきではない。それぞれの店舗において個別に対応することは必

要だが，そこで終わってしまうと，結局のところ「もぐら叩き」に過ぎず，違う店舗や違う問題として再度トラブルが発生するであろうことは容易に想像できる。問題発生の根本原因から押さえていかなければならないのである。

では，その原因とは何か？　まずは，店長の管理能力不足を指摘することができよう。しかし，多店舗展開している若い企業では，店長となる人材の経験も浅いのが通常であり，管理能力が不足しているのは，むしろ普通の状況である。D社が店舗拡大を続け，スタッフの中から店長を登用する仕組みを採る限り，そもそも店長に高い管理能力を求めることは難しい。店長の能力不足を前提とした店舗運営を行わざるを得ないところにD社の問題の難しさがあるのだ。

## ■　本当の問題はエリアマネージャーの指導・管理にある

店長の管理能力が十分でない状態を前提とするならば，エリアマネージャーの指導や管理のあり方が問われることになる。

中でもスタッフ管理は，経験の浅い店長にとってハードルが高い仕事であり，何かあった場合に店長が頼りにするのは，上司であるエリアマネージャーである。店長の組織運営は，エリアマネージャーがどれだけ的確に対応を指示できるかに掛かっているとも言える。

しかし，前述の通り，D社のエリアマネージャーの指導方法は，どうも自分の経験に基づいた自己流で，かなりバラつきがあるようである。

これに加えて，会社の成長とともに，社内外の状況も大きく変わる。管理や指導のあり方も常に状況に応じて変えていかなければならない。

いずれにしても，D社としての店長の指導方法が確立していないということに大きな問題があるといえよう。

本件は，店長の問題のように見えて，実のところ，エリアマネージャーの問題と捉えるべきなのである。

## ■　サークル的な組織風土の難しさ

D社のサービスは高齢者向け健康サービスであり，若いスタッフがフレンドリーに対応することが接客の基本になる。このため，高いホスピタリティを有している優しいスタッフが求められることになり，組織運営においてもフレンドリーな雰囲気が大切にされる。

こういった組織における管理者は，上からの押し付けを嫌い，スタッフのモチベーションを高く維持すべく，よく話を聞いてあげたり，組織を盛り上げたりするタイプが多い。

しかし，皆で仲良くやっているうちは良いのだが，その中にちょっと斜に構えたスタッフや，絶えず不満を述べるようなスタッフが1名でも混じると，途端に管理は難しくなる。管理者の優しさが管理の弱さにつながるのである。

優しい（弱い）管理者は，辞められてしまったら困るからと，問題のあるスタッフに対してさえ厳しく接することを避けてしまう。見方を変えると，「善い上司」という自己イメージを守るために，ストレスの掛かる「叱る」という仕事から逃げてしまうのである。

さらには，管理者は，自身の責任において誰にも迷惑を掛けずに仕事が進めばすべてが丸く収まると考え，自己犠牲的に自分で仕事を抱え込むことまでやってしまう。そして気が付くと，休みも十分に取れず，疲労が蓄積してしまい，仕事を続けることができなってしまう。

もちろん，こういう事態に陥る前に，エリアマネージャーは店長をフォローするであろう。

しかし，悩んでいる店長にとって，エリアマネージャーの「俺が店長だった時はこうやった」というアドバイスが役に立つことは多くない。管理者としてのタイプも会社の状況も違うからである。そして，真剣に心配してくれているエリアマネージャーに感謝しつつも，店長は相変わらず迷路から抜け出せないまま途方に暮れるのである。

トラブルが連続するD社の問題は，まさにこの部下の指導・育成の断絶にあるのではないかと思われる。

▶ 図５－１　D社の問題構造

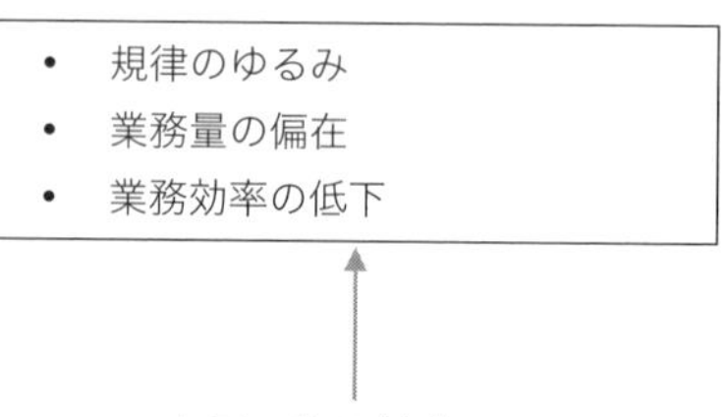


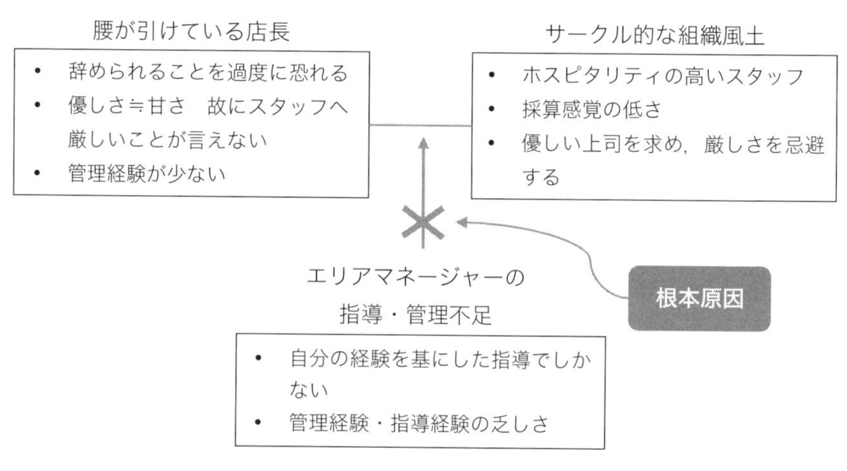


## ３．組織強化の方法論

人的サービスを営むD社にとっては，日々の労務管理や職場環境づくり，スタッフの育成・活用という人材マネジメントが組織管理の多くの部分を占める。そして，これをしっかりと出来るかどうかが，組織の強さに繋がる。その意味で，本件の解決が会社の成長にとって重要なカギを握っているとした社長の考えは正しいと言える。

では，どのように対応を考えていけばいいのか。

問題の再発予防策を店舗に徹底させるだけでは十分ではないだろう。というのも，店長の管理能力に問題があることが見えている中で，予防策を展開したとしても，それを十分にこなすことが難しいことは見えている。そもそも，それが出来るのであれば，こういった問題は発生しないはずなのである。

今求められるのは，これまで成り行きに任せていた部下管理・部下指導のあり方を，次の成長ステップに向けて，会社として改めて確立することなのだ。

## ■　コーチングが問題を悪化させてしまう危険性

組織強化のヒントを求めて書店に行くと，リーダーシップのあり方や組織論の本，管理職になった人のためのノウハウ本などが並んでいる。中でもティール組織やコーチングの本が目立つ。

ティール組織とは，もはや組織のヒエラルキーを否定し，メンバーが共鳴しながら組織を運営してく姿を理想として示すものである。

コーチングとは，従来の「指示する⇔指示される」という関係性ではなく，上司には部下の持っている答えを引き出す役割が求められるという考え方である。

いずれも，厳格な管理統制によって結果を出していこうという組織が陥りがちな閉塞的な状況を，打開してくれそうな期待を抱かせてくれる優れたコンセプトである。

しかし，優れているからと言って万能なツールではない。どちらも前提としているのは，一定水準以上の組織あるいは人材であると思われる。

例えば，D社のエリアマネージャーや店長に，部下指導のあり方としてコーチングの方法論を導入したらどうなるであろうか。

コーチングの基本的スキルが「傾聴」であるが，問題が起きてルールを徹底させなければならない状況にあるにもかかわらず，優しい上司が厳しく指導する代わりに「まずは部下の話をきちんと聞かないと」と，傾聴ばかりでは問題の解決は進まず，ピントのずれた行動に誘導してしまうことになりかねない。

では，コーチングとは全く逆に，厳しく指導することを標準的な部下指導方法として展開することはどうか。

D社の店長の優しさ（≒甘さ）から考えると，それもかなり厳しいだろう。店長が辞めてしまうことも考えられる。

恐らく，コーチングの前提にある性善説的な仮定も，厳しい指導の前提にある性悪説的な仮定も，D社のように「優しさ」が「甘さ」につながってしまう緩い組織においてはフィットしないと思われる。

## ■　店長には人材マネジメントを任せるべきではない

店舗管理に携わるエリアマネージャー・店長にとって，人材マネジメントは重要であり，かつ難しい。しかし，気を付けなければならないのは，店舗管理においてまず求められるのは，顧客の獲得であり，そこからの収益であるという認識である。

あくまで，顧客を獲得・維持し，店舗運営から得られる収益を確実かつ持続性のあるものとするために，人材マネジメントが求められるという関係になる。人材マネジメントは重要ではあるものの，店舗管理においては「主」ではなく「従」なのであり，人材管理が店舗運営の目的になることはありえないのである。

人材マネジメントとは，従たる位置付けでしかないものの，効果的に実践するのは難しいという，厄介な仕事である。

管理者が実践すべき人材マネジメントとは，人を管理する役割として，部下に何らかの影響を与える立場にあることに伴う責任を自覚しつつ，組織としての結果を出すことにメンバーの意識を集中させていくことである。

部下に対して優しい上司として振る舞うのか，厳しい上司として振る舞うのかといった，自分がどう見られるかは二の次なのである。

上司として，部下に対して，何らかの権限を行使するには，「覚悟」が求められる。

しかし，D社の店長の人材マネジメントは，形ばかりで肝心なところから逃げているようである。そうなると，店長には，人材マネジメントを委ねること自体が厳しいと判断するのが妥当ということになる。

## ■　たちの悪い人材マネジメントの属人化

次に，エリアマネージャーの人材マネジメントはどうなのか。

ヒアリングによると，会社としての確立したスタイルがある訳ではなく，自分が育ってきた過程をそのまま部下に展開しているだけの状態である。

これも，人材マネジメントの難しさの一つの側面である。というのも，人材マネジメントは，「人としてどうやって人を管理するか」という管理技術であるが故に，自ら実践する者の人間性が問われ，そこには各人の信念や価値観が入り込みやすく，方法論を共有することが難しいのである。しかも，マネージャーとして一流の人材が揃っているのであればいいのだが，実際には，ばらつきも大きく，部下である店長にとっては上司の当たり外れが大きい状態である。

組織全体を一つの価値観で染め上げていくアプローチであれば，その価値観に基づいて手段を考えられる。しかし，そのようなアプローチが成功するのは，経営者が信仰に近い強烈な信念を有している組織か，長い間の成功体験が組織に組み込まれている組織に限られる。

どちらにも該当しない多くの組織では，どういう方法論が正しいのか正解が見えないまま，各自が方法論を模索することになってしまうのである。

## ■　D社における現実的な組織強化策：「形」から入る

D社では，最終的には店舗の組織管理・人材マネジメントのレベルを向上させなければならないものの，店長に多くを期待するのは難しいことから，エリアマネージャーの管理レベルの向上が解決のカギになる。

しかし，実際のところ，エリアマネージャーの指導方法は，各自が正しいと思ったやり方でやっており，それが十分な効果を上げていないという状態である。

これに組織的にどのように対応していくかがD社の課題である。

一つの現実的な対応は，「形」から入ることである。

店長に求めるのは，当意即断の対応を求める高度な人材マネジメントではなく，パターン化されたスタッフ対応としてしまうのである。店長の本当の意味での管理者としての成熟を求めるのは厳しいという現実的な判断に基づくものである。

これは，スタッフのサービスについての指導と同じである。サービスの本来的なあり方からは，マニュアル的なサービスよりも，顧客の求める期待を即時に理解し，機転を利かせながら状況に応じて振る舞うことが理想ではある。しかし，昨日入ってきたアルバイトにそれを求めるのは厳しい。そこで，「挨拶はこのようにする，お釣りを渡すときはこのようにする…」といった形から入る。店長のスタッフ管理にもこれと同じ考え方を適用するのである。

次に，エリアマネージャーの店長指導・管理についても「形」を決めていく。ここは，１から10まで決めるのではなく，最低限の水準を揃えることにして，各自の持ち味を加えることも許容していく。

これまでのように，各エリアマネージャーがそれぞれの経験に基づいて勝手に指導するのではなく，どんなエリアマネージャーであっても，一定以上のレベルで店長を指導できるように，店長のマネジメントの形を明確にした上で，指導の仕方も最低限の水準を揃えるのである。

Ｄ社としての店長指導の方法論をまとめるには，実際のエリアマネージャーの指導経験を材料にすることになる。指導経験の中での好事例を出し合って，Ｄ社の現場指導事例集の決定版を作るのが良いと思われる。

## 4．D社はどのように現場管理向上に取り組んだか

### ■ 研修や「あるべき店長像」の設定ではうまくいかない

社長からの指示にどのように対応していくかについて，人事部内でも様々な議論があった。

最初の提案は，エリアマネージャーに研修を受講してもらうことであった。研修会社からも提案を受けた。しかし，プログラムを見る限り，これによってエリアマネージャーが店長を的確に指導できるようになるとは思えなかった。研修講師が，エリアマネージャー自身が正しいと思っている方法と異なることを示した場合には，彼らは「分かった」と返事しながらも，自分の方法論を捨てようとしないことは容易に想像された。

人事部としても，あるべき論が明らかになっていない段階で，研修講師に学べば何とかなるというのは無責任ではないかという声があがった。少なくとも，誰が何を身につけるべきなのかは，D社が自社で取りまとめるべきであるという結論に達した。

次に「求めるエリアマネージャー像・店長像をまとめるべきではないか」という提案もあった。しかし，「求める店長像」は既に店舗運営マニュアルに書いてあり，これ以上理想論を加えてもあまり役に立たない。細かいスキルを列挙しても手間のかかる割には，作成することが目的化してしまうことが懸念され，提案は却下された。

### ■ 標準化に向けたプロジェクトチームの組成

最終的に，人事部長は，事業本部長と話し合い，エリアマネージャーの代表メンバーを選び，部下管理を標準化するプロジェクトを立ち上げることとした。

プロジェクトの目的は，D社の店舗運営の質を向上させるために，エリアマネージャーによる店長への指導方法を確立させることであり，具体的な事例に

即した店長向けの指導教材を取りまとめ，それを用いて各エリアマネージャーが店長指導を実施してもらうようにすることであった。

人事部はあくまで事務局機能に徹し，内容を固めるための支援と内容が固まった後の展開を受け持つこととした。

店舗には色々なスタッフがいる。中には，店長が人生ではじめて出会うような変わったスタッフもいる。しかし，全国を見渡すと，そういったケースはありがちな話であるし，先人が何とか問題を解決してきたことでもある。

プロジェクトでは，店舗において起こりがちな問題に対する店長の対応方法を，店長がいつでも参照できるようなマニュアルのようなものとして，可能な限り具体的にまとめることを目指した。

## ■　展開まで視野に入れたプロジェクト活動の進め方

プロジェクトの検討ステップは，まず想定される状況を挙げ，店長としてどのように対応すべきかをエリアマネージャーの経験から考える。これを幾つかの類型にまとめて，以下に述べるような流れで，具体的な対応方法をマニュアルにまとめ，店長に展開していったのである。

**図5－2　店長指導強化プロジェクトの進め方**

| |
|---|
| Step 1：想定される難しい状況の洗い出し |
| Step 2：現実的な店長の対応策提示 |
| Step 3：問題状況と対応策に関する類型化 |
| Step 4：店長マニュアルとりまとめ |
| Step 5：ロールプレイ実施 |

### Step 1　想定される難しい状況の洗い出し

プロジェクトメンバーは，ロッカールームの汚れなど規律の低下を示すような兆候がみられた場合や，わがままな振舞いが目立つスタッフへの対応，アルバイトから突然申し出があった場合のシフト調整方法など，経験の浅い店長が困るような事例をリストアップした。

### Step 2　現実的な店長の対応策提示

メンバーは喧々諤々の議論をしながら，自らの経験を基に店長が採るべき対応方法をまとめていった（**図5－3**参照）。

なお，人事部長にとって興味深かったのは，店長と問題スタッフの関係がこじれてしまっている状態におけるベストの対応は，「店長が問題を抱え込まずに早めにエリアマネージャーを呼んでしまう」だったことである。

逆に言えば，解決できないのに，自分の問題として抱え込むと，結果的に問題解決は遠くなってしまうのである。

### Step 3　問題状況と対応策に関する類型化

想定される事象と対応を洗い出したものを，店長教育に使用できるようにとりまとめていった。

まず，発生が予想される問題を「店長自身に起因する問題」「特定スタッフに起因する問題」「組織の人間関係に起因する問題」の３つに分け，それぞれの発生パターンを類型化した。

### Step 4　店長マニュアルとりまとめ

店長教育においては，「状況の認識」→「何に起因している問題なのか区別」→「例示された対応策の展開」の思考パターンを覚えてもらうようにした。そのために，３つの類型についての問題解決を説明した上で，練習問題を用意し，問題解決のプロセスを自分のものとしてもらうようにした。

▶ 図５－３　想定される状況と店長の対応策（一部）

**Step１：想定される難しい状況の洗い出し**

- 会社に対する不満ばかり言っているスタッフ
- ロッカールーム掃除の不徹底
- いきなりのシフト調整
- 退職希望スタッフの引き留め
- 業務効率の理解の低いスタッフ
- 営業活動に協力しようとしないスタッフ
- ・・・・・

→

**Step２：現実的な店長の対応策提示**

会社に対する不満ばかり言っているスタッフへの対応

① まずは店長が主導権を握り，「不満があるならちゃんと言うように」として，スタッフに話をさせる。

② 不満の内容を「a．会社悪者論に基づくいいがかり」「b．真っ当な意見」「c．愚痴に近い・解決不能」のいずれか判断する。

③ 判断に基づく対応

a．言いがかり

間違いを指摘し，どうして違うのかをしっかり説明する。

b．真っ当な意見

指摘の正しい点についてはほめる。違う点は指摘する。解決できそうなテーマについては一緒に考える。

c．愚痴に近い

理解不足を指摘し，どうして解決できないのかを説明する。

④ 組織のこれからの展開と現状課題について，認識を共有し，前向きな形で合意形成して終わらせる。

## Step５　ロールプレイ実施

最終段階では，エリアマネージャーが講師役になって，エリアごとにロールプレイ形式の店長研修を実施することとした。

その事前準備として，エリアマネージャーが講師役をしっかり務められるように，プロジェクトメンバーがお手本となって他のエリアマネージャーにマニュアルの指導方法の共有を行ったのである。

### ■　エリアマネージャーの成長を狙った人事部の動き方

人事部長が心掛けていたのは，一連の流れをエリアマネージャーが主体的にやり切ることであった。このことを通じてエリアマネージャーをもう一段成長させていこうと考えていたのである。

ラインの指導・管理に任せ切りにしておいては人材マネジメントのレベル向上はなかなか難しいが，人事部が全部引き受けてしまってもラインが他人事だと捉えてしまう。今回のように，人事部は事務局として，ファシリテーションしながら間接的に現場の人材育成を機能させていくというのが，人事部長の狙いだったのである。

**このように，D社は，現場の人材マネジメントの問題を，いたずらに理想を追い求めるのではなく，管理者の現状を踏まえて現実的に解決していったのである。**

# 第6章
# 「やれば報われる」成果主義に賛成しつつも差をつけようとしない矛盾
## ――マネジメントのレベルをストレッチする仕掛けの必要性

ケース5

## 1．ぬるま湯体質からの脱却を図るＥ社

Ｅ社人事部長は，営業本部の評価調整会議に出席した副部長からの報告を受け，人事制度の運用見直しに着手する決心をした。

人事制度は２年前に改定したところである。しかし，改定当初より現場から色々と問題提起がなされていることは承知しており，ここのところ，状況を見極めていたのである。

### ■　ぬるま湯体質からの脱却を狙ったＥ社の成果主義強化

産業財を扱うＥ社は，過去数年業績が伸び悩んでいた。状況を憂慮した社長が人事部長に，「ぬるま湯体質からの脱却」を狙い成果主義を強めるように指示した結果，２年前に導入されたのが現在の人事制度である。Ｅ社で行われている評価制度には，成果評価と役割行動評価の二種類がある。成果評価は，目標管理制度によるものであり，賞与には成果評価を反映させている。見直しの対象となったのは，この成果評価である。

今回行われる制度改定の目的は，メリハリをつけることによって，「やってもやらなくても同じ」仕組みから「やったら報われる」仕組みに変えていこうというものであった。具体的には，評価分布と評価反映率の幅を広げたのである。

▶ 図6－1　成果評価に関する制度変更

旧制度　成果評価賞与反映率（%）

| 等級 | S | A | B | C | D |
|---|---|---|---|---|---|
| M1 | 115 | 110 | 100 | 90 | 85 |
| M2 | 115 | 110 | 100 | 90 | 85 |
| M3 | 115 | 110 | 100 | 90 | 85 |
| L1 | 113 | 106 | 100 | 94 | 87 |
| L2 | 113 | 106 | 100 | 94 | 87 |
| S1 | 110 | 105 | 100 | 95 | 90 |
| S2 | 110 | 105 | 100 | 95 | 90 |

⇨

新制度　成果評価賞与反映率（%）

| 等級 | S | A | B | C | D |
|---|---|---|---|---|---|
| M1 | 140 | 120 | 100 | 80 | 60 |
| M2 | 140 | 120 | 100 | 80 | 60 |
| M3 | 130 | 115 | 100 | 85 | 70 |
| L1 | 130 | 115 | 100 | 85 | 70 |
| L2 | 130 | 115 | 100 | 85 | 70 |
| S1 | 120 | 110 | 100 | 90 | 80 |
| S2 | 120 | 110 | 100 | 90 | 80 |

旧制度　成果評価分布（%）

| 等級 | S | A | B | C | D |
|---|---|---|---|---|---|
| M1～M3 | 5～10 | 10～20 | 60～80 | 10～20 | 0～5 |
| L1～S2 | 5～10 | 10～20 | 60～80 | 10～20 | 0～5 |

⇨

新制度　成果評価分布（%）

| 等級 | S | A | B | C | D |
|---|---|---|---|---|---|
| M1～M3 | 5～10 | 20 | 50 | 20 | 0～5 |
| L1～S2 | 5～10 | 15 | 60 | 15 | 0～5 |

ただ，人事部長は，処遇反映への格差を大きくすることによって，社員の不安感が高まることを懸念したため，今回の制度改定に当たっては評価者からのフィードバック面談を義務化し，評価結果をしっかり社員に説明してもらうようにしていた。

なお，評価者研修は新制度導入時に1回実施したのであるが，やはり1日の研修程度では解決できない根深い問題があるように思えた。

## ■ 成果主義を強化した結果どうなったのか？

2年前の制度改定以来，人事部には部長を含めた人事部スタッフへの直接の意見や組合が集約した意見など，色々な反応が集まってきた。主な意見は**図6－2**のようなものである。

## ■ ぬるま湯体質からの脱却はできたのか？

人事制度を改訂した2年前から業績は徐々に回復してきた。

### 図6－2 新制度への主な意見

**評価者からの意見**

何とか目標値を下げようと上司と交渉したり，難しい仕事を他の社員に振り分けようとする社員も多くなっており，目標設定にかける多大な労力はあまり建設的ではないように思う。

管理部門のスタッフは，毎年同じような目標になってしまう。営業とは違って，評価で大きく差をつけるのは現実的ではないと思う。

評価決定会議において，議論をしようと思っても，本部長などの鶴の一声で決まってしまうことがある。本当はおかしいと思っているのだが，誰もそれを口に出せずに決定されてしまう。
これでは納得感のあるフィードバックは無理だ。

評価分布で悪い評価になってしまう社員も，別にさぼっている訳ではない。本人のモチベーションを下げないようにフィードバックするのが難しい。どうしても，「相対分布で決定した際，やむなく悪い評価になってしまった」という説明になってしまう。

**社員（被評価者）からの意見**

売りにくい商品やヒット商品など，扱う商材によって達成できるかどうかは大きく異なるのに，予算で決まっているからと，同じように達成を迫られる。担当商材によって評価が変わってしまうのは不公平だ。

実績を上げれば上げるほど，割り振られる目標の水準が高くなり，Ａ評価を取るのが難しくなる。

業績回復は，人事制度による影響というよりは，事業環境の好転が大きいようだが，社長は「業績回復は人事制度導入による効果である」と社員向けのあいさつなどで話をしている。

人事部長は，社長の言うことを額面通りに受け取ることはできないものの，人事制度変更が現場に一定の緊張感を与えたのは確かだと感じていた。

一方で，表面化した問題については，まだ何も手付かずの状態であり，これからの取り組みが問われている状態である。

人事部長としては，意見の背景には，差をつけて説明するだけの力がない評価者の言い訳や，評価される側の甘えなどもあるように思える。

そう見ると，社長の言う「ぬるま湯体質」はまだ組織にそのまま残っているようだった。出てきた意見をそのまま受け止めて，制度を緩めるだけでは本当の問題は解決できないのである。

## 2．マネジメントのレベルをめぐるE社の問題構造

### ■　必要条件ではあったが十分条件ではなかった制度改定

社内から上がってきた意見は「目標設定」と「評価決定」に集約される。

まず，目標設定であるが，評価における納得性を得るためには，設定される目標についての，「組織にとっての意味合い」と「本人にとっての意味合い」に関する認識が，評価者と被評価者で一致していることが求められる。

しかし，E社では，目標が製品特性の違いや各人の実力に応じた目標になっていないと文句が出たり，毎年同じ目標になってしまうことに疑問が呈されたりと，目標に関するすり合わせが十分にできていないようである。

次に，評価決定であるが，期間中の上司と本人の密なコミュニケーションによって評価対象となる事実の解釈のずれがないこと。さらに，各等級に求める標準的な水準が正しく理解されている必要がある（図6－3参照）。

理屈はこの通りであるが，実際にはE社では目標設定の理解も評価基準の理解もうまくいっていない。

また，評価調整会議においても，議論を尽くすというより，断定的な意見が上位者から出されることもあり，全体として評価が納得感を持って伝えられて

いないようである。

つまり，まだ評価制度はまだ十分に運用されていない状態とまとめることができる。

▶ 図6－3　評価の納得性を得るための要件

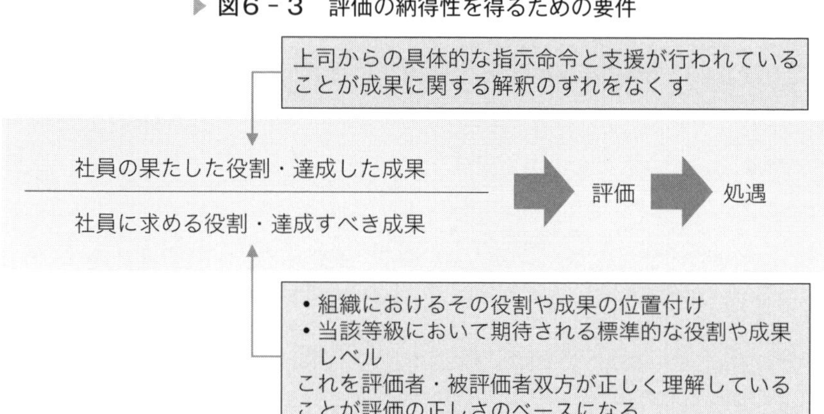


## ■　E社のマネジメントのレベルにその成果主義はフィットしているか？

成果主義は，1990年代から広く採用されるようになり，様々な批判の対象とされつつも，着実に根付いてきた制度である。

成果主義への批判は，成果主義という仕組みの問題点を指摘しているように見えて，実のところ，その仕組みを運用する組織のマネジメントのレベルが低いことを問題にしていたと言うことができる。

前述の通り，納得感のある評価をするためには，乗り越えるべき様々な条件がある。最初からすべての組織が上手く運用できるわけではない。しかし，上手く運用できない状態を，「やはり評価は難しい」とあきらめてしまうのか，「難しいけれど何とかしていこう」とするのか，組織としての取り組みの結果がマネジメントのレベルに現れるのである。

E社は，社長の言うように「ぬるま湯体質」だったかもしれない。そして，それを変えていこうと，成果主義を取り入れようとすること自体は間違っていない。問題は，成果主義を取り入れて，最初は問題があるかも知れないが，何とかツールとして使いこなせるようになるまでやり切れるかどうかなのである。

この制度改定を成功だったか失敗だったか，結論を出すのはまだ早い。人事部長には，現時点で浮かび上がってきた課題を踏まえて，これからの制度改定をＥ社の成長につなげるために有効な対策を講じることが求められているのだ。

## ■　差をつけることを避けようとする組織文化

ここで気を付けなければならないのは，マネジメントの問題に組織文化の問題が隠されていることである。

マネジメントの問題は，納得感のある形で差をつけることができないという問題である。そこでは評価者のマネジメント「スキル」が問われる。

これに対して，組織文化の問題は，組織として意識的あるいは無意識的に，差をつけることを避けようとする行動が共有されてしまっているという問題である。

評価者個人としての評価に対するスタンスには，良い評価も悪い評価もつけようとしない「中心化傾向」や甘い評価に偏る「寛大化傾向」，逆に厳しい評価をつけることが評価であると思ってしまう「厳格化傾向」などがあることはよく知られている。これに関して，日本企業の一般的な傾向としては，同じ組織に属するスタッフに対する平等意識・横並び意識が働く。これは，差を説明できないというマネジメントの問題と相まって，メリハリのない評価へとつながっていく。まさに，社長が「ぬるま湯体質」と表現した状況である。差をつけたくないという心情が，「皆がんばっているので，差をつけられない」という言い訳や成果主義批判にすり替わるわけである。

Ｅ社人事部長が直面している問題の構造は，**図６－４**のようにまとめられる。

Ｅ社の課題は，評価制度という仕組みを使いながら，いかにマネジメントのレベルを向上させ，同時に根強い横並び意識も取り除いていくことができるかということなのである。

▶ 図6－4　E社の問題の構造

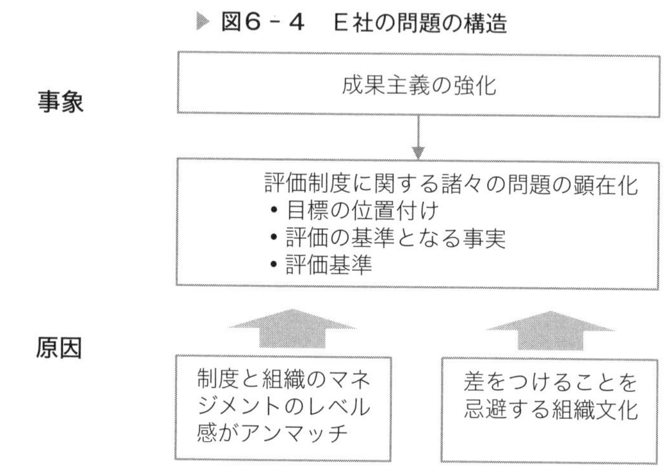


## 3．マネジメントのツールとして人事制度を機能させる

### ■ 制度とマネジメントのレベルのアンマッチを解消するためのアプローチ

成果主義というのは「使う組織を選ぶ」仕組みである。

組織におけるマネジメントのレベルと成果主義の人事制度が要求するレベルがマッチしていないと，評価をめぐる問題が発生する。お粗末なマネジメントしか実践できない組織が過激な成果主義を採用すると，組織はうまく回らない。

制度があまりに理想論過ぎて運用できないのであれば，一旦レベルを落とすことも考えるべきであろう。少なくとも，運用できないからということで，誰も真剣に運用せずに制度を形骸化させてしまうような，無責任な状況は避けるべきである。

そうなると，実務上の課題は，どのように組織におけるマネジメントのレベルと制度の要求レベルをマッチさせていくかということになる。

マッチさせるためには，マネジメントのレベルを上げる方向と，制度の要求レベルを下げる方向が考えられるが，実際には，この２つのアプローチを組み合わせながら，制度が組織のマネジメントのレベルを引き上げていくように仕掛けていくことになる。具体的には，制度の要求水準を，マネジメントのレベルに対して，頑張れば届く少し上のレベル，いわゆる「ストレッチ目標」に持ってくる。そして，運用をしっかり行い，数年かけて組織のレベルを上げることをやっていくのである。

これによって，組織のマネジメントのレベルが伴ってきたら，さらに次のレベルへと制度の要求水準を引き上げていくことを考えるのだ。

## ■　制度のレベルを上げてマネジメントのレベルを引き上げる

具体的に見ていきたい。

例えば，達成率を基準に評価を決定する仕組みになっている評価制度においては，目標設定に関して「達成できるレベルに目標を引き下げようとする社員が多い」とか「出来る人材が高い目標を設定されて不公平だと思う」「売りやすい商材の担当が得しているように思われている」等が問題になることが多い。

制度面からいえば，達成率で評価するというのは，制度としては初歩的なレベルにあると言っていい。次に述べるような，成果の意味合いを評価できないので，止むを得ず採られている手法なのである。

目標設定に関するいずれの問題も，「達成率」で評価しようとすることから発生している。本来は，制度によって問題を解決するには，達成率で評価するのではなく，達成した成果の「価値」を評価するように変えればいい。

つまり，評価は，120万円の目標を立てて100万円の結果であっても，80万円の目標を立てて100万円の結果であっても，100万円という結果はいずれも同じであるという考え方である。

しかし，実際には，Ａ商品の売上100万円という結果とＢ商品の売上100万円という結果は，組織にとって意味が異なる。このため，A商品の100万円とB商品の100万円という達成した成果の価値を，達成率に拠らずにしっかり評価できるのかという点で，「マネジメントのレベル」が問われることになる。

また，例えば，同じA商品であっても，将来につながる新規開拓先からの100万円と，得意先からの継続取引の中での100万円とは，「戦略的な」価値が異なるはずである。この違いを正しく評価するには，組織が目指している成果を理解した上で，異なる売り先からの100万円の価値を解釈することが評価者に求められる。

さらに，同じ新規獲得の100万円でも，それを入社数年の若手が実現した場合と，ベテランが獲得した場合も，それぞれの等級の評価基準に照らした価値は異なるはずである。この違いを正しく評価するには，被評価者の等級という社内の位置付けを把握し，標準的に期待される成果のレベルを理解した上で，100万円の価値を評価することが求められることになる。

すべての評価者が，これらの価値を理解した上で評価していれば，その会社のマネジメントのレベルは十分に高いと言っていいであろう。このレベルにあれば，成果を達成度で評価する必要はない。

裏を返せば，評価への不公平感をなくし，納得感を得るためには，このようにマネジメントを機能させることが求められるのだ。

しかし，どの会社においても全員が最初から評価の基準を正しく適用できる訳ではない。徐々に出来るようにしていかなければならない。これがマネジメントのレベルを上げるということである。

では，どうやって評価者のレベルを上げていくのか。

現実的な方法は，上位評価者が下位評価者に指導することである。評価は，通常一次評価者が評価したものを二次評価者が確認することになる。ここがポイントになる。

恐らく，評価対象となる事実（例えば，上例で言う売上100万円）については一次評価者が確認したもので大きな問題はないと思われる。

二次評価者は，一次評価者より高い視点からものが見えているはずである。評価対象となる事実を一次評価者がどのように解釈し，どのように評価基準に当てはめたのかを確認して，一次評価者の評価における判断の確からしさを確認して，修正すべき点を指摘することが必要である。

一次評価者が，成果の価値を組織の戦略からしかるべく解釈できているのか，等級に求められる標準的な期待成果を基準に評価できているのかを確認するのである。

もし，「そんなことを教えられる一次評価者はいない」という組織であれば，成果主義で大きな差をつけることはあきらめるべきである。組織として誰も正解を持っていないような状態で評価をするのは，評価される側にとっては悲劇でしかない。

## ■　平等意識を排除する

もう１つの課題が，組織文化である。

日本企業における平等感・横並び意識は根強いものがあり，それは，集団主義・内向き意識とも結びついたものである。長い期間を掛けて組織に染み込んできたこの組織文化を変えていくには，ある程度の強引さが必要であろう。

「強引に」変えていくとはどのようにするのか。

単に「評価分布を守りなさい」というだけでは十分ではない。本事例のように，差をつけることの意味合いを管理職自身が腹落ちしていないと，仕方なく対応するということになってしまうのである。

まずは，内なる平等主義を乗り越え，「差をつける」ということの必要性と妥当性を，上位者を含め，組織として学ぶというプロセスが必要であろう。

よく見受けられる評価決定は，絶対評価の場合には，集計された評価の分布を比較し，甘辛調整を行い，甘めの評価になっている部署の評価を変更するよ

▶ 図6－5　マネジメントのレベルを向上させる

人事評価制度の要求水準

↑

**マネジメントのレベルを向上し，制度に追いつかせていく**

**マネジメントのレベルとは？**

評価者が部下の成果を正しく解釈し，等級に即して評価し，それを説明できること

**成果の正しい解釈とは？**

部下の達成した成果が会社にとって，どれだけの意味があるものなのかを組織の方向性と価値観に照らして評価する

**等級に即した評価とは？**

部下の等級レベルにおいて求められる標準的な成果水準に照らして，達成した成果を評価する

**マネジメントのレベルを上げるには？**

分かっている部長or役員が分かっていない管理職に，個別具体的に教えていく。
例えば，組織の戦略的目標や今期の予算を踏まえて部下にどういう狙いで目標を割り振るのか？　出た結果をどう解釈するのか？　その解釈に基づき，部下をどう評価するのか？　評価結果をどう伝えるのか？

うに働きかけるというやり方である。相対評価の場合には，人数枠を先に作って，そこから何名移すかという検討が行われ，順番を作って下から何名は下位評価に変更，あるいは上の何名は上位評価へという調整が行われる。

いずれにしても，決まりに従って評価を確定するだけのことであり，本質的な議論は行われないことが多い。このような評価の決め方では，社員が納得の

いくようなフィードバックは難しいだろう。

差を大きくつけるということは，その分説明責任が求められるようになることでもあるが，ここでは説明責任を積極的に捉えていきたい。例えば標準評価の者であっても，伝え方次第でモチベーションや成長意欲は大きく変わってくるのである。

つまり，評価は処遇を決めるものだけであったのが，会社から社員へのメッセージとして重要になってきていると改めて認識する必要がある。

とすると，「評価を決める場」であった評価調整会議を，もう一段レベルを上げ，「効果的に評価を伝えるためのすり合わせ」に位置付けを変えるべきではないか。

会議の上席に位置する役員があまり確固たる理由もなく，評価を変えてしまうことを是認していたら，納得感のある評価に至るのは難しい。フィードバックしなければならない上司としては，最終評価者としての役員の意見は尊重しながらも，変えた評価結果で本当に本人に説明できるのかどうかを確認する必要がある。そして，分からなければ問いたださなければならないし，納得いかなければ異議を唱えるべきなのである。

これを現場でいきなり実行するのは上位者への遠慮もあって難しいかもしれない。そこで，人事部が現場の評価決定のあり方に踏み込んでいき，決定方法を正していくのが現実的な対応である。

会社として，組織文化を変えていくのは簡単ではない。

しかし，成り行きに任せておいても簡単に変わるものではない。まずは形から入って，直すべきものを直していくのである。

## 4．E社はどのように成果主義を調整したのか

### ■ 評価分布とフィードバックに関する評価制度の見直し

問題解決に向けて，まず人事部長は制度の修正を行った。

評価反映率は厳しいままにしておいたが，中身を伴う議論を誘発できるように評価分布をある程度幅を持たせる形に再修正した。

次に，評価フィードバックに関しては，面談を通じて伝えるべき事項を定め，細かいスクリプト（台本）まで示して，評価者に徹底させ，組合にも通知した。現制度の導入時にフィードバックの方法を評価者に任せたら，評価者が自分の判断で手抜きを始めたので，あえてルールを細かくしたのである。

とは言っても，フィードバックすべき項目はシンプルである。具体的には，すべての場合に，良かった点と悪かった点を伝えた上で，A評価の場合には何が評価されたのか，C評価の場合には何が評価されなかったのかを明確に根拠をもって説明することにした。

また，フィードバックも目標設定も，一次評価者がマネジメントの力量という点で心もとない場合には，上位評価者が同席し，一次評価者を支援することにした。

### ■ 制度見直しをきっかけとした組織文化改革への取り組み

人事部長は，評価者が差をつけることから逃げないようにすること，評価をめぐる議論の内容を充実させることが必要であると判断し，各部門の評価調整会議において，当面人事部幹部がファシリテーターとして入り，議論をリードすることにした。あくまで決定するのは各部門であり，最終的には部門の統括役員であるが，組織の上下関係に左右されることなく，評価フィードバックができるだけのレベルの議論を促していくことを狙ったものである。

具体的には，最初の作業で，資格別・ビジネスラインごとにギリギリA評価

にすべき社員と，ギリギリC評価に下げるべき社員を仮決めする。そして，残りの社員について，司会の人事部幹部が，評価者にコメントを求めていき，標準としたギリギリA評価の社員に比べて，勝ると思われる点がしっかり述べられる場合にはA評価とし，ギリギリC評価の社員より貢献度が低い社員をC評価とした。そして，各々にA評価となった理由とC評価になった理由を確認していった。

それぞれの社員に対するコメントについては，どのように本人に伝えるかがイメージできるようなまとめ方に修正して，司会から評価者に伝えられ，フィードバックの材料としてもらった。

また，評価理由が曖昧であり，それが期初の役割・責任の設定や目標の設定に起因していると思われる場合には，司会者は来年度の役割設定・目標設定の修正に関するアドバイスを行ったのである。

**このように，E社は，制度の要求水準を見直しながら同時に現場のマネジメントレベルを向上させる取り組みも行い，着実に施策の狙いを実現させ，「やれば報われる」状態を作り上げていったのである。**

# 第7章 お仕着せの仕組みだけでは次世代幹部は育たない
## ――自社ならではのタレントマネジメントの模索

## 1．次世代幹部社員の選抜・育成のあり方を模索するＦ社

社長室での会議が終わり，Ｆ社人事部長は途方に暮れていた。

今月の経営会議の事前打ち合わせで，次世代幹部育成に関する提案が却下されてしまったのである。

社長からは「全く分からない」と散々の言われ方であった。

確かに，「タレントマネジメント」などヨコ文字を多用してしまったのは失敗だったように思う。

ただ，社長も色々な情報収集はしているので，最近の次世代幹部育成に関する事例を知らないはずはない。一体，何がダメだったのか。

「他社の成功事例を持ってきても，当社の課題を解決するものでなければ，何にもならないんだ」というのが社長のコメントである。

先進事例に根拠を持ってきたことは確かである。しかし，当社も他社に学び，変えていかなければならないとも思っている。

「何はともあれ，社長の指摘に沿って，自社の課題を掘り下げてみるか。その結果，同じような提案になるかもしれないが，それはその時だ。」と気を取り直した部長は，Ｆ社の問題点を振り返ることからやり直すことにした。

### ■　却下されたタレントマネジメント導入案

部長が行った提案は，「タレントマネジメント」という仕組みである。幹部選抜のあり方を見直すに当たって，色々と調べてみたところ，最近よく取り上げられているらしいということで，「これだな」と思い，コンサルタントなどから情報を収集したものである。

検討の結果，社長に提案したのは次のような内容であった。

▶ 図7－1　F社人事部提案の骨子

**タレントマネジメント導入**

３つの仕組みで次世代幹部を狙って育てる

1．幹部候補の人事情報集約
グループ横断で次世代幹部候補者の人事情報をタレントマネジメントシステムに集約する。

2．タレントマップ（9ボックス）による昇格候補者の整理
ハイポテンシャルとハイパフォーマーの3×3のグリッドに候補者をプロットし，育成方針を議論するベースとする。

3．サクセッションプラン
役職者が常に後任者を意識して人材育成を行うこと，中長期な後継者プールを形成することを狙う。

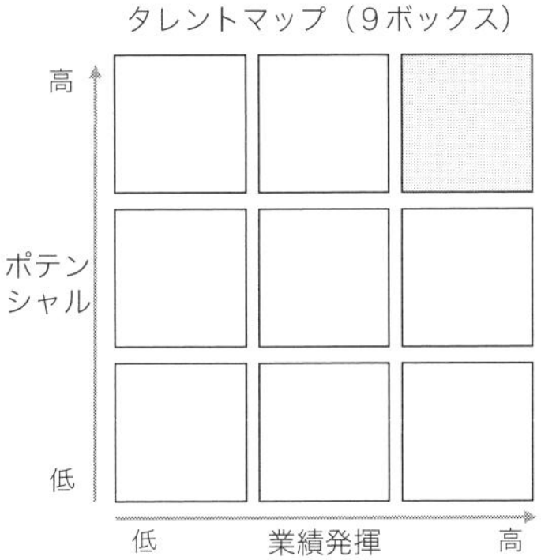

## ■　提案に至る経過とF社のこれまでの昇格決定

上記の提案に先立つこと数ヶ月前，人事部長は担当役員と一緒に社長に呼び出され，「今の昇格検討のやり方では，縦割りの組織から持ち上がりで人を選ぶばかりではないか」と問題提起され，「何か全社最適の観点で次世代の優秀な人材を抜擢できるような仕組みを考えてくれないか」という指示があったのである。

大手メーカーであるF社は，３つの事業本部を持ち，それぞれが同程度の規模を誇る。役付役員以上については，特定の事業本部出身に偏ることなく，管理部門も含めた４つの代表がバランス良く配置されている。

Ｆ社において幹部とは部長以上を指しており，その任命については経営会議にて議論することになっている。

しかし，昇格を議論すると言っても，どうしても事業本部の役員が自分の部下を推薦する流れになる。時々，社長や副社長から適格性に対する疑義が呈されることもあるが，本部長が懸命に候補者を援護し，最終的にはほとんどが申請通り承認されることになっている。

このため，結局のところ，幹部昇格の検討と言っても，社長の指摘通り，全社最適の観点はほとんどなく，親分・子分の関係を追認しているに過ぎない。この仕組みが人材の適材適所での活用を阻害し，結果としてＦ社の将来を支える適材を育てられていないのではないかというのが，社長の見方であった。

## ■　掘り下げの甘さに気付いた人事部長

部長は，少し冷静になって社長の指摘を振り返ってみた。

すると，「組織の縦割りを是認するような，現在の昇格判断のプロセスに問題がある」というところから検討をスタートさせたのだが，実際には，どういう人材を選ぶべきかはさておき，プロセスばかり考えていたことに気付いた。

選ぶべき人材については，これまでは，各本部所管役員から「使える」部下が推薦されていたのだが，それが全社的に見ても本当に適材であったのかは問い直されないまま来ている。そもそも「適材」とは何かというのも曖昧なままであった。

今回の部長の提案は昇格検討プロセスを変えようということである。タレントマップは，３×３のマス目に候補者を入れて議論するという考え方であるから，様々な議論を引き出すことはできるかもしれない。しかし，候補者の評価・推薦が実質的に本部長に委ねられている限りにおいては，正直なところ，実質的な変化は期待できそうになかった。

ここまで考えて，部長は，まずは，どのような次世代幹部を育てるのかを明らかにしないと，再提案はできないと思い至ったのである。

## 2．幹部人材の育成・選抜をめぐるF社の問題構造

今回のように，社長の指示が謎かけのようで，部下がその意図を汲みとらなければならないことは往々にしてある。

社長は人事の専門家ではないので，課題を人事の問題に解きほぐして提起してくれることは期待できない。人事部長は，「リーダー選抜→タレントマネジメント→仕組み導入」と考えてしまい，いつの間にか手段を目的に置き換えてしまっていたのである。

そして，提案に対する社長の指摘は，何を実現しようとしているのかを曖昧なままにして仕組みだけを入れても，結局のところ機能しないのではないかということであったのだ。

人事部長は，まず何が求められている状況なのか，つまりどういう人材を育成・選抜していかなければならないのかを見定める必要があるのだ。

### ■　現有幹部の選抜と将来の幹部育成の問題の違い

幹部候補と言っても，どの階層を想定するかによって考え方は大きく異なる。

今の幹部候補から部長や執行役員を選ぶということと，これから先10年後を見据えて幹部候補を育てるというのは，異なる問題である。

例えば，現在40歳代の副部長クラスからどういう部長を選ぶかについては，どのように育てるかというよりは，どのように選ぶかの問題となる。

一方で，まだ30歳代の課長クラスについては，この先10年くらいかけて次世代のF社を背負っていくために，どういう力をつけていくのかという，育て方の議論である。

社長が言及していた，全社最適の観点から育成すべき「次世代の幹部」とは，後者の30歳代課長クラスを指すと考えるのが自然であろう。

## ■ 誰も明らかにしていない次世代幹部像

現在30歳代の課長レベルの人材に対して，これからのＦ社に求められる幹部人材を定義し，それに向けて人材を育成していくとする。

では，どのように将来の幹部人材を定義すればいいのか。

当初，コンサルタントから受けていた説明は，「求める幹部人材」像に関してはタレントマップの「ハイポテンシャル」に候補者をプロットする際に，これまでの数多くの事例から抽出されたコンピテンシーを使うということであった。

人事部長は，一旦はそれで納得したものの，このコンピテンシーの例として，リーダーシップやビジョン形成力などが挙げられているのをよく見ると，どうも総花的であり，他社でもあるような一般的なリーダー像と変わるところがないと思った。

かと言って，グローバル化・多様性・SDGs（持続可能な開発目標）など今後のビジネストレンドのキーワードを並べ，「こういった変化に対応していけるグローバルリーダー」と定義したとしても，Ｆ社ならではの具体的な次世代幹部像であるようには思えない。

今回は，Ｆ社として10年後にどういう人材が会社を引っ張っているイメージなのかを明確にしないまま，方法論ばかり検討してきてしまった。社長の指摘通りである。

社長が全体最適にこだわるのは，社長には全社的な見地から選ぶべき人材のイメージを既に持っており，ラインに任せる限りにおいて，なかなかそういう人材が育ってこないという危機感があると推測できるのである。

まずは，現状の事業本部制といった組織や現行の事業形態から切り離して，Ｆ社を中長期的にどう変えていくかについての仮説がなければならない。Ｆ社の新たなリーダー像はその仮説に基づいて描かれる必要があり，人事部長は，それを明らかにしていかなければならない。仕組み等を考えるのは，そこから先なのである。

では，この仮説は誰が考えるべきなのか。人事部長はここから考える必要があるのだ。

## 3．形ばかりの次世代幹部育成・選抜を避ける

「求める人材像」という言葉は便利に使われる傾向がある。理想論であるが故に，それっぽい言葉を並べて定義できてしまう。精神論的なものから詳細のスキルまで色々なレベルで定義することが可能である。

それだけに，方法論だけが先行してしまうことになりかねない。人事部など事務局は，膨大な手間を掛けて様々なスキルやコンピテンシーのリストを作成し，次世代幹部の育成に役立ったつもりになるが，実際にはこれまでの人材育成と何も変わっていないという結果になりやすい。

特に，人材育成というのは，取り組んだことの結果が出るまで時間が掛かる。成功か失敗か結果が見えないだけに，自己満足に陥りがちである。

その観点から，次世代リーダー育成・選抜の手法として取り上げられることの多い「タレントマネジメントシステム」「次世代リーダー育成研修」について触れておきたい。

### ■　タレントマネジメントシステムの流行

「タレントマネジメント」とは，以上述べてきたような，新たなリーダーを個別に育成するための全社的な仕組みを指す。コンサルティングファームであるマッキンゼーが『ウォー・フォー・タレント』［2002］において示したコンセプトがベースとなっており，人材をランク分けして，それぞれに異なる対応を行っていくというアプローチである。

しかし，タレントマネジメントシステムと言われるソフトウェアが出てからは，「タレントマネジメント」はシステムと結び付けて語られることが多くなってきた。そして，そのシステムにベストプラクティスとして，人事部長が

提案したような方法論が搭載されており，いつの間にか，タレントマネジメントを実践することとタレントマネジメントシステムを導入することが同一視されるようになってきたのである。

しかし，これはシステムといっても，言わば「きれいに情報を整理してくれるハコ」である。どのような幹部人材をこのハコの中に入れるべきであるのかについては，システムは答えてくれないのである。

## ■ 次世代幹部育成という名の上級研修コースでは育成はできない

また，次世代幹部育成を，選抜型研修の一つのメニューに近い形にして運用している会社も多い。将来が期待される社員にMBAプログラムを活用して経営管理の基礎や事業戦略のセオリーを教え，知識の底上げを行った上で，数名のチームで経営テーマを考えてもらい，最後に経営陣に向けたプレゼンテーションをしてもらうというのが定番のプログラムである。

しかし，これは正確に言うと，次世代の幹部を「育成」しているのではない。この研修を受けたからと言っていきなり幹部候補の要件を満たすレベルに成長することは期待できないのである。

このプログラムの最大の効果は，このコースに選ばれたことによって「あなたは幹部候補者として選ばれた」ということを伝えるという効果である。候補者として選ばれたことを伝えるべき社員が一巡してしまったら，コースが終了したという会社も多い。それ以外は，有名教授の講演など一流の世界を垣間見させるとともに，これからさらに身につけていくべき知識やフレームワークの予告編を見せる「研修」でしかない。

このプログラムを動かす上では，「求める人材」の定義はありきたりで総花的でも構わない。その定義によって受講者が選ばれることはなく，所属長が誰をコースに参加させるかということから話が始まるからである。

つまり，従来のラインからの昇格推薦という流れを踏襲しており，最後の経営陣向けプレゼンテーションを，トップ向けの顔見世興行のように扱っているだけなのである。

### ■ 経営を巻き込んだ検討の必要性

このように，タレントマネジメントシステムも次世代リーダー育成研修も，実際のところ求める人材像を掘り下げなくても回ってしまう仕組みであった。

しかし，今の人事部長の課題は，ありきたりな人材像ではなく，F社ならではの人材像を描くことである。

そのためには，これからF社はどうならなければならないかという思いがここに込められるべきである。手掛かりになるのは，中長期の経営計画や事業の展望，あるいはトップの考えである。

次世代幹部の育成に関して，さらに考えなければならないのは，誰が次世代幹部を育てるのかである。組織のタテ割を排して全体最適で育成するというのであれば，ラインに任せるということではなくなる。では，「誰がそういった人材を育てられるのか」が問われることになる。

また，全体最適でキャリアパスや異動のあり方も考えるということになると，各ラインで考えている人材育成・活用との調和をどうするのかも問われることになる。異動計画のあり方なども含めて，ゼロベースで育成の体制を考えなおさなければならないのである。

ここまで考えてくると，人事部長への社長の投げ掛けは，かなり難しい問題を含んでいることが分かってくるのである。

## 4．F社の次世代幹部育成・選抜プログラムはどうなったのか

人事部長は，社長とミーティングを重ね，社長の問題意識を引き出しながら，それを具体化していく形で，次世代幹部育成のプログラム作りに取り組んだ。

その結果，当初提案のシステム導入については部分的に取り入れるだけに収まった。一方で，副社長・専務を巻き込むことが必要になり，その点は想定以

上に苦労させられたところであった。

## ■ 次世代経営幹部の要件

人事部長は，専務以上に対してインタビューを行い，長期ビジョンを実現するに当たって次世代経営者に何を求めるのかを明らかにした。

経営陣が想定しているのは，国内の産業構造の変化に合わせて，現在の３つの事業本部のあり方が大きく変わってくるということであり，海外の企業を買収し，大胆に事業構造を組み替えることも構想されていた。また，展開先も中国に集中している生産拠点を抜本的に見直していく必要があるという。

そうなると，次世代の経営者に求められるのは，これまでの海外のパートナーとの関係構築に止まることなく，企業買収等における交渉をリードしたり，海外のマーケットを開拓することができる人材ということになる。生産管理や物流なども現在より数段高度になるはずであり，本社機能もレベルアップが求められる。

結論として，本部を超えて次世代経営幹部として育成対象にするのは，次の３つの類型の人材とした。

**全社的な観点から育成していくＦ社次世代経営幹部の類型**

1．ファイナンスに明るく，海外との買収交渉をリードできる人材
2．新たな海外市場を開拓できる人材
3．経営者の観点から事業を俯瞰でき，事業の立て直しをリードできる人材

全社的に考えると，もちろんこれ以外にも経営幹部の類型はあるかもしれない。また，各事業本部が求める人材像とも重複する可能性もあった。

これに対しては，全社レベルの次世代経営幹部育成のプログラムとしては，この３類型に絞り込むことを示し，この３類型以外の人材や重複も含めて，従来通りのラインにおける人材育成はこれまで通り，あるいはこれまで以上に，並行して進めてもらうこととして，補完関係にあることを明らかにしたのである。

## ■　次世代経営幹部育成プログラムの全体像

構想されたプログラムは大きく3つの取り組みに分けることが出来る。個別に育成する仕組みと育つ機会を提供する仕組み，そして，幹部候補者の育成状況をモニタリングする仕組みである。

▶ 図7－2　F社次世代幹部育成プログラムの全体像

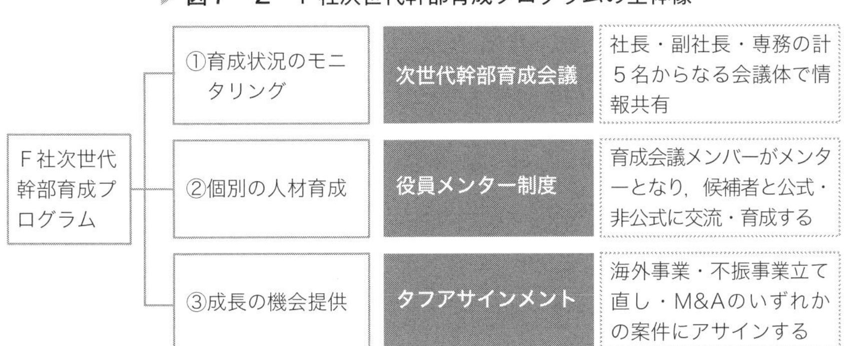


### ①　育成状況のモニタリング：次世代幹部育成会議の設置

各ラインとは違う観点で，次世代を担う人材を狙って育てる役割を担うのは，専務執行役員以上の5名からなる「次世代幹部育成会議」という会議体を設置し，事務局は人事部が務めることとした。

全社的観点が求められることから，この会議メンバーには意識的に事業本部長を外し，経営人材の育成を語ることができるレベルということで専務以上としたのである。

後述の「役員メンター制度」と「タフアサインメント」の状況などプログラム参加者の情報は，この会議体に集まることになる。

会議は，定例的に定期異動・昇格の検討に先立って年に1回開催する一方で，候補者のアサインメントの機会が生じた際には，随時開催され，人選を決定することとした。

事務局として人事部は，その情報を候補者の個人データとして蓄積し，部長以上の昇格検討における資料として活用することとした。

### ②　個別の人材育成：役員メンター制度

育成会議メンバーである役員をメンター，候補者をメンティーとした。

一人の役員（メンター）に対して候補者（メンティー）を4～5名ずつ紐付けた。必ず，それぞれの出身組織とは異なる紐付けとし，直接の上司・部下の指揮命令が入り込まないようにした。

メンターは，公式・非公式に参加者と議論をしたり，相談に乗ったりすることが求められ，その中で育てる人材の見極めをし，情報は会議において共有される。

事務局の人事部は，状況を見ながら，組み合わせがあまり上手くいっていない場合には，メンターを変更するようにした。

なお，一定期間経過後はメンバーを入れ替えることになる。役員が交代した場合には，自ずと会議メンバーの座も引き継ぐことになり，メンター・メンティーの組み合わせも変わる。

▶ 図7－3　次世代幹部育成会議と役員メンター制度

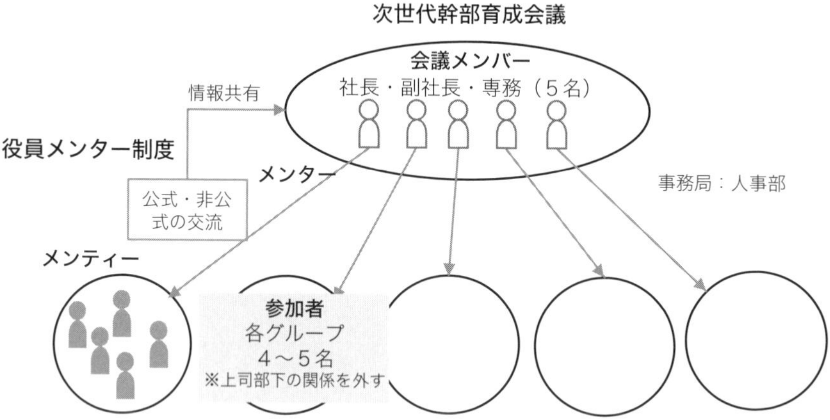

### ③　成長の機会提供：タフアサインメント

これがプログラムの中心となる。

先に挙げた全社的に育成すべき3つの類型に当てはまるような次世代幹部を育成すべく，候補者が所属する事業本部とは異なる事業における，「海外事業」「不振事業の立て直し」「M&A実務」のいずれかの案件に，責任者として派遣するのである。いうなれば，これによって派遣された人材が，本当の次世代幹部候補という位置付けになるということである。

どのような案件にどの候補者を派遣するかは，会議にて議論して決定される。会議メンバーは執行役であり，メンターでもあることから，案件についても候補者についても詳しく，案件と候補者のマッチングと関係事業本部との調整は大きな支障なく行われることが期待できた（この役割は，事務局の人事部だけでは厳しいと思われた）。

メンターは，候補者への案件のアサインに当たり，この仕事から何を期待するのかを明らかにし，会議体で報告するとともに，本人にも伝えることとした。

会議においては，候補者の評価についても，メンターとしての意見に対して他メンバーが上司としてどう見ているのかという所見を出して議論するなど，候補者の幹部としての適性に関する議論を重ねていくこととした。

## ■　知識のインプット

当初，候補者向けの研修を実施することも考えられたが，ファイナンスやマーケティングの知識については，参加者に限定するものではなく，幅広く共有すべきという方針のもと，対象者を絞らず，通常の研修コースにその内容を組み込み，不得意分野を必ず受講してもらうことにした。

もう少し踏み込んだ知識が必要とされた場合には，より高度で実践的な内容の研修として，タフアサインメントが決定した後に，外部コンサルタントによる実践的な講義を集中的に受けることにした。

▶ 図7－4　タフアサインメント

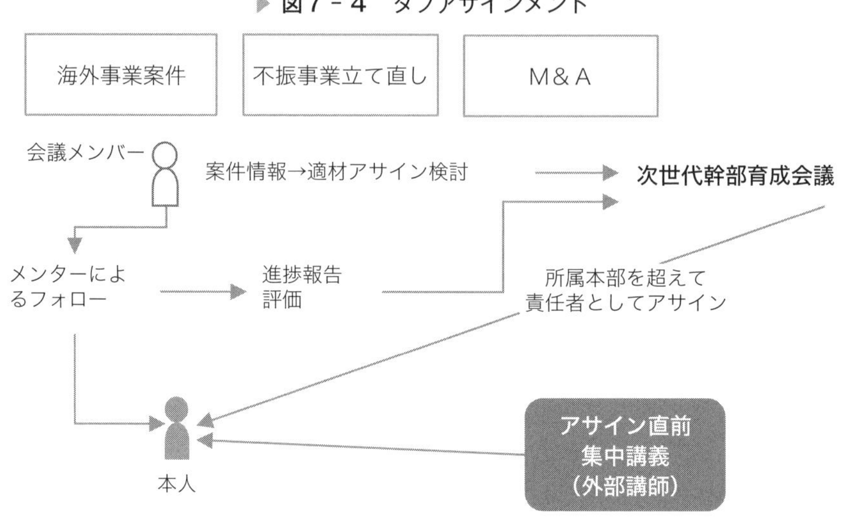


## ■　選ばれなかった者のモチベーションへの配慮

この選抜については，一部の社員を選抜することによって選ばれなかった者のモチベーションを懸念する声も上がった。

これまで，入社以来あまり優劣つけずに横並びで扱っていたのにもかかわらず，幹部候補かどうかを30歳代で明らかにしてしまうと，選ばれなかった人材のモチベーションが下がってしまうのではないかと心配したのである。

しかし，この心配の背景には，人事評価や給与の格差がついてしまったらその差は消えないという，これまでの人事制度の運用に起因している。例えば，一度「エース社員」という称号，あるいは「評価でバツが付く」といったことが起こると，ずっとそれが付いて回るという慣行が，F社には存在していたのである。

これを見直し，ある時点で差がついたとしても，他で挽回する機会はいくらでもあるという仕組みにすることで問題はなくなるはずである。

この次世代幹部育成プログラムについても，思いとしては「幹部になって欲しい」と考えて選抜はしているものの，選抜されたからといって幹部になれることを保証するものではなく，入れ替えも行われるいということを公にし，モチベーションの問題を解決したのである。

**このように，Ｆ社は，次世代幹部育成について，手段から入るのではなく，どういった人材を誰が育てるのかという，そもそものところから議論を行い，Ｆ社独自の全体最適の次世代幹部育成プログラムを作り上げることに成功したのである。**

# 第8章　人材マネジメントの課題と解決

第Ⅱ部のまとめ

## 1．日本企業の人材マネジメントをめぐる動向

### ■　第Ⅱ部事例の振り返り

どのような人事管理が経営にとって効果的なのかを考察する際には，「(戦略的) 人材マネジメント」という概念が用いられる。戦略的人材マネジメントに関しては，「組織がその目標を達成できるようにするために，計画された人材配置と活動のパターン」という定義（Wright & McMahan［1992］）があるが，実務的には，人材マネジメントの実践はつまるところ，「人を見極め，狙って育て，活かすこと」である。そして，どういう人材を育て，活かすのかにおいて戦略性が問われ，組織各層においていかにその効果を上げられるかにおいて方法論が問われることになる。

第5章のＤ社から第7章のＦ社までの3つの事例は，会社の様々な局面における人材マネジメントを取り上げた事例であった。

Ｄ社においては現場における人材マネジメントであり，Ｅ社においてはラインの人材マネジメントが問われていた。そして，Ｆ社では全社的な観点からの次世代幹部の育成がテーマとなっていた。

これらの事例から明らかなように，人材マネジメントを考える上で，「どのような人材を対象とするのか」「どのように人材を見極めるか」「どのように育て，活かすのか」については，会社によって，さらには局面によって大きく変

わってくる。自社においてまさに今，何が人材に関する問題なのかについては，本を読んでも書いていない。まさに人材マネジメントに関わる者が，自ら自社の状況を把握し，戦略的に考えていかなければならないのである。

では，何をもって人材の問題と認識すべきなのか。会社のこれまでの経緯や経営環境などによって求められる組織人材のあり方は異なるものの，最終的なゴールは共通であるように思われる。それは，「組織の継続性」である。事業が持続的に成長を遂げられるか，人材は次々と育ち，組織を中長期的に支え続けていけるようなサイクルが回っているのかが問われるのだ。そして，これに照らして，組織の現在の状況を見た時に，深刻な問題を抱える人材ないし組織を課題として取り上げなければならない。

## ■　人材マネジメントを変化させていく＝レベルを向上させていくことの必要性

最終的な組織の継続性というゴールに向けて，組織の人材を取り巻く状況から導き出される課題は組織によって異なっており，さらに人材マネジメントのあり方に絶対的な正解がある訳ではない。状況に合わせて人材マネジメントのあり方を最適な形に変化させていかなければならないのである。

現在，会社が人材マネジメントにおいてどのような変化を迫られているのかを明らかにするには，２つの側面から状況を捉えるべきである。

１つは，会社がどのような段階にあり，どのように次のステップに行こうとしているかという企業のライフサイクルの側面である。

もう１つは，労働環境や働く者の意識の変化など社会的な環境の変化及び，競争環境の変化によって，会社の人事のあり方がどのような変化にさらされているのかという側面である。

## ■　企業の発展段階による人材マネジメントの変化

第４章で紹介したE.H.シャイン『企業文化』では，企業の発展段階・成長ステージにおける組織文化の変化が述べられている。即ち，「創業及び成長期」

「成熟期に入ったがまだ業績を上げている期間（中年期）」「成長を終え，衰退期に入った期間」「合併，買収，その他さまざまな形態のジョイント・ベンチャー」に分け，それぞれにおいて異なる組織文化の特徴と変革のあり方が述べられている（E.H.シャイン『企業文化』［1999］第5章〜第8章）。

そもそも人材マネジメントと組織文化は不可分の関係にあり，組織文化の変化は人材マネジメントの変革の必要性につながることになる。

例えば，スタートアップ企業がこれから組織を大きくし，秩序を形成していく段階においては経営者と社員をつなぎ，組織文化を創造することができる管理職をいかに確保するかが大きな課題になる。

成長期に差し掛かってきている企業においては，成長スピードを維持・加速させるための組織体制や仕組み作りが重要であり，人材マネジメントにおいて考えなければならないテーマは多い。

そして，成熟期にある企業においては，第2の成長を実現すべく，これまで作られてきた秩序を一度壊し，新たな成長を実現させていくような改革型のリーダーを生み出せないかが問われることになる。

企業は，常に組織の継続性に向けて，どういった人材を育て，活かすべきかを問い続け，継続的に組織と人材のレベルアップを図っていくことが求められる。そして，現状に満足しない企業こそが成長を続けられるのであり，そのために，常に人材マネジメントの課題を見つけ続けることができるかが問われるのである。

## ■　日本的人事慣行の見直しに伴い重要性が高まる人材マネジメント

たとえ企業のステージがそのままであったとしても，世の中は動いており，それは人材マネジメントに関しても同じである。

第Ⅰ部で述べてきたように，日本企業においては，会社と社員の関係性が大きく変わってきている。かつてのように会社が社員を丸抱えするようなことは難しくなっており，若手社員も一つの会社を勤め上げる感覚は薄れてきている。

一方で，日本企業の人材マネジメントにおいては伝統的に，組織による抱え込みにみられるような集団主義的な傾向やコミュニケーションにおけるあいまいさなどが特徴であり，今でもそれが色濃く残っている会社も多い。

こういった状況の下，これからの人材を育てていく上で，これまでの人材マネジメントの特性の何を残して，何を捨て，上司と部下の新たな関係性を築いていくのかが問われているのである。

さらには，競争激化の中で，漠然と「人は育つものだ」と構える牧歌的な人材育成しか行っていない会社と，「こういう人材を育てなければ」と意識的に人材育成に取り組む会社とは，時間の経過とともに大きな差が開いてくるものと思われる。Ｃ社の事例（第３章）で取り上げたように，これまでのような新卒入社後に年次管理の中でゆっくりと育てられてきた日本企業の総合職は，グローバル企業において厳しい競争を勝ち抜いてきたエリートとの比較においては力負けしているように思われるのである。

## ■　人材マネジメントのあり方を常に見直していくのが人事部の役割

以上の企業のライフサイクルという観点と人材を取り巻く環境の変化の２つの側面から，企業は人材マネジメントのあり方等を常に見直し，組織の継続性を確固たるものにしていくことが求められる。そして，これを仕掛けるのは人事部の役割である。

人材マネジメントのあり方を見直していくのは，簡単な話ではない。例えば，「リーダーがいない」などといった問題というのは，それが顕在化してしまったら，本来は手遅れとも言える状態なのであり，本来は，相当前の時点において，中長期的な視点から「このままでは人が育たないのではないか」と気づいて手を打っておかなければならなかったはずの問題である。しかし，人事制度を運用しているラインの管理職には，そういった足の長い問題は見えていないことが多いのである。

人事部は，現在の人事制度を粛々とマニュアル通りに運用するように，現場を監視するだけが仕事ではない。人事部が張り巡らさなければならないアンテナは，多くの方向に向けて感度が高い状態でなければならないのである。

## 2．人材マネジメントの問題の捉え方

人事部が人材マネジメントのあり方をコントロールするに当たっては，どのように問題を把握していけばいいのだろうか。

第4章にて用いた，組織文化の三層モデルを思い出していただきたい。まずは，このモデルを使って，人材マネジメントは制度だけの問題ではないということを理解する必要がある。

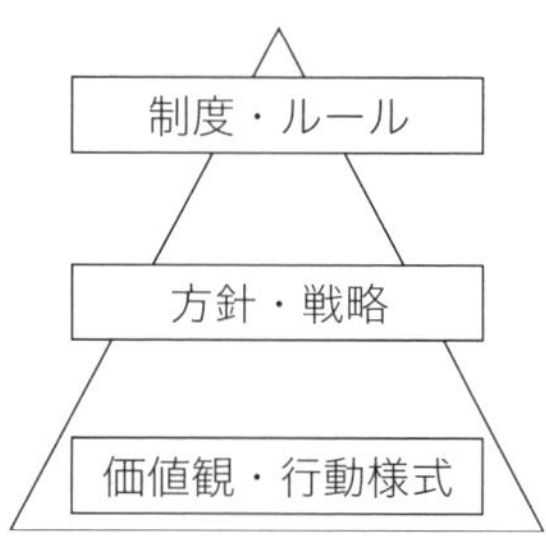


### ■　制度の有効性を決めるのは方針・戦略

人事制度は，人事部が責任を持って運用していくべきものであるが，あくまで制度でしかなく，いわば目的を達成するための手段にすぎない。この達成すべき「目的」を意識しておかないと，何かの制度を選ぶことで何かが達成されるように錯覚し，制度を選ぶことが目的にすり替わってしまう。

例えば，評価制度においては，公平な評価をいかに実施できるかが問われることが多い。この「公平さ」が大切であるということについて異を唱える人はいないだろう。しかし，3層モデルからは，制度の有効性を決定するのはその一段上の「方針・戦略レベル」になる。つまり，公平な評価とは具体的にどういう状態を指すのかは，組織の方針として合意されるべきということになるのだ。例えば，相対評価で良いのか，予算に対する達成度で割り切ることでいいのかどうかなど，会社をどう運営していこうとしているかという方針に従って求められる公平性が定義されるのである。

## ■ 隠れている文化の問題

また，人材マネジメントの問題を考える際には，価値観・行動様式レベルにある問題を考えなければならないことが多い。ここでは，組織で共有されている行動様式だけではなく，人材マネジメントを実践する社員の「意思」や「覚悟」も関わってくる。

事例を振り返ると，D社の事例においては店長に対して人材マネジメントの担い手としての適格性が問われていた。E社の事例では，評価の理由を説明できるかというライン管理職のマネジメントのレベル感を問題とした。F社の事例では，次世代幹部育成と言っても，ライン長にはどうしても自組織の後任者を選ぶという意向が出てきてしまうという体制そのものが問われた。そして，これらに加えて，3つの事例の根底に共通して流れていたのは，組織で共有されている「優しい上下関係」と「なるべく差をつけたくない」という心理的傾向ではないだろうか。

良く言えば，情緒的な上下関係が組織としての一体感を生み，足の長い育成が行われるのだということかもしれない。しかし，これは他方で，E社社長が言っていたように，人の見極めにおいて厳しく評価することをためらう「ぬるま湯体質」であるとも言える。

この組織全体にある「甘さ」は，言葉にするのは簡単だが，実際には扱いづらい問題である。というのも，突き詰めると，この問題は，人材を見極めるというシビアな仕事をする「覚悟」がない人に人材マネジメントを任せていいのかという問い掛けになる。しかし，この「甘さ」はトップ層にまで見られることも多いのである。

以上のように，人材マネジメントの問題の構造は，複合的である。いきなり制度の検討から入ってしまうと，何を実現しようとしているのか道に迷ってしまうことになる。まずは，状況を見極めて取り組むべき課題を明らかにして，改革のストーリーを明確にすることから始める必要があるのだ。

以下，課題設定のあり方と改革のストーリー作りについて，順に説明していきたい。

---

## 3．筋のいい課題設定

---

「着眼大局，着手小局」という言葉がある。人材マネジメントにおける打ち手を組み立てる際にも応用できる考え方である。まずは，状況を俯瞰して課題を明らかにして，具体的な仕組みまで一貫したストーリーをつないでいくのである。以下，事例を振り返りつつ，順を追って説明していくこととしたい。

### ■　組織人材に関する課題を明らかにする

まず，会社における人材の課題は何か，中でも重要かつ急いで対応すべき課題は何かを明らかにする必要がある。生じている問題から何が課題なのかを特定していくのであるが，問題をどのように捉えるのか，どのように解釈するかによって課題は異なってくる。

ここで問われるのは「筋のいい」課題，すなわち，核心を突いた課題を設定できるかである。では，どのようにすれば筋のいい課題設定になるのか。

これまで述べてきたことを踏まえ，ここではポイントを２つ挙げておきたい。

１つは，会社のライフサイクルや取り巻く環境を踏まえ，会社がどういう局面にあるかを課題設定に反映させること。もう１つは，発生の原因を掘り下げた上で課題を設定することである。

それぞれについて，事例を振り返りながら，具体的な課題の設定方法を見ていきたい。

### ■　会社の置かれている状況を踏まえた課題設定

規律の低下が問われたＤ社の事例を振り返ってみたい。

まず，生じた事実をどのように解釈するかが問われる。幾つかの規律低下を思わせる事案が連続的に発生したのであるが，これを個々の事件がたまたま重なって起こったと見るか，組織全体の規律のゆるみと見るのかで問題の捉え方が異なってくる。Ｄ社社長は，後者の捉え方をしたのであるが，その背景には，会社が一定の規模に達し，創業期から組織として確立させるべき時期に差し掛かるのではないかというライフサイクルに関する認識があったと見るべきであろう。

次に，この規律低下の問題を店長の管理不足と捉えるのか，エリアマネージャーの指導の問題と捉えるのかによって大きく手の打ち方は変わってくる。事例では後者とした訳であるが，店長教育の問題と捉える人もいるかもしれない。一方が正しく，他方が間違っているという話ではない。ここでは，どちらが「筋がいいのか」という判断の問題である。

本件を店長の問題として捉えるのは間違ってはいる訳ではないが，店長の問題を解決するにはエリアマネージャーが重要になってくることは必然である。また，店長の管理能力を向上させるには，現場の組織風土や経験や資質の問題からいってかなり時間が掛かることが予想される。早急に管理の基盤を整える必要に迫られているＤ社にとっては，エリアマネージャーから手を付けていくことが求められていたのである。

つまり，「筋のいい」課題を設定するには，ライフサイクルや競争環境といった観点から会社はどういう局面にあるのかという大局観を持ちながら，現実に生じている問題を解釈し，会社の組織体制・人員構成はどうなっているのかという認識に基づいて，組織人材の課題を特定することが求められるのである。

## ■　原因を掘り下げて課題を設定する

Ｆ社の事例において，当初次世代幹部を育てるためにタレントマネジメントシステムを導入しようと考えた人事部長は，深く考えずに，「仕組みがないから育たない」という捉え方をしていた。このように，課題らしきものが見えたら，すぐに人事制度や研修，システム導入と手近にある解決策を探す人が多い。短絡的に「○○がない」という形の課題設定になってしまうのである。

原因を掘り下げずとも，単純に仕組みを導入したら問題が解決するのであれば，良いのであるが，大抵はそんなに簡単にはことは進まない。仕組みを導入するまでが人事部の仕事であり，それを使って結果を出すのは現場の仕事であるという仕切りをするのは無責任といえる。現場にしても運用できない仕組みを押し付けられて運用の結果だけ責任を取らされてはたまったものではない。

原因を掘り下げても掘り下げなくても，実際に取り入れる仕組みは同じ場合もある。しかし，掘り下げると，同じ仕組みであっても，同時にやらなければならないことや押さえるべきポイントが明確になってくる。核心を突いた筋の

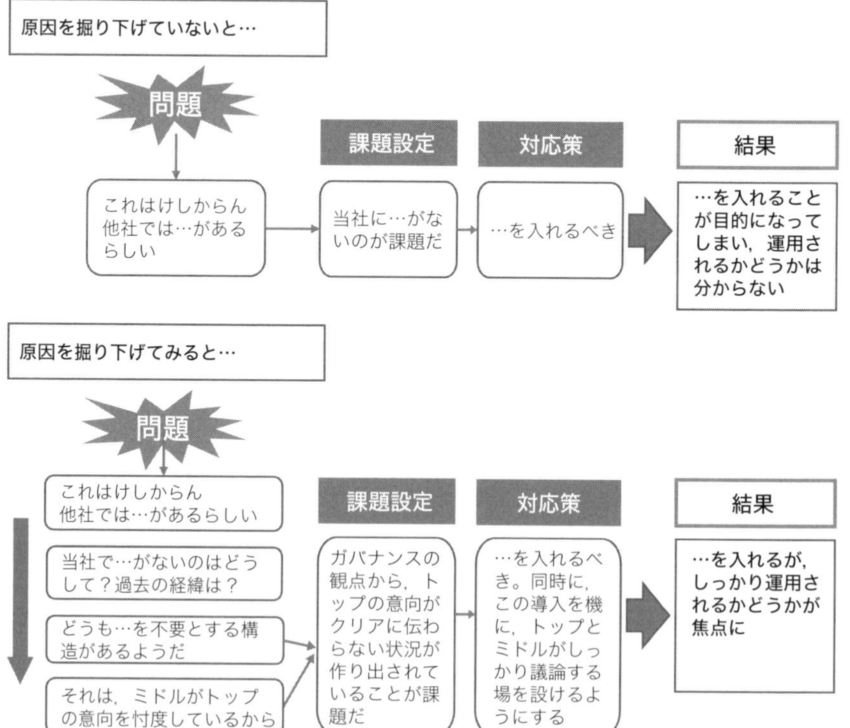

いい課題設定ができるのである。

Ｅ社の事例を振り返ってみたい。

表面的に発生していた事象は，導入した成果主義的人事制度が機能していないことであった。原因を掘り下げないまま対応を考えると，「この制度の内容が周知徹底されていないようなので，徹底すべき」という解決策になるだろう。そうなると，人事部は制度の説明を再度行ったり，パンフレットを作ったりするという対応策が考えられるかもしれない。しかし，掘り下げられていないので，一旦は周知徹底により制度が運用されるようになるかもしれないが，しばらく経つと理由は不明ながら，元の状態に戻ってしまうことが予想されるのである。

事例では，もう一段掘り下げて，原因を「制度の要求するレベル感と実際の組織のマネジメントのレベル感にギャップがある」というところに求めた。このように掘り下げると，対応策は「いかにマネジメントのレベルを上げるか」「制度のレベルを現実のマネジメントのレベルにあわせて落すか」ということになってくる。

さらにもう一段掘り下げ，差をつけようとしない組織文化がその背後にあるのではないかということまで仮説を立てたとする。そうすると，マネジメントのレベルを上げるという技術的な対応だけでなく，「差をつけることが会社にとってプラス」なのだという考え方をどのように浸透させるかというのが，上記のマネジメントのレベルを上げるという対応策における追加条件として求められるのである。そして，ここまでやらないと，社員の理解を得て厳しさを備えた人事制度を導入したつもりでも，本当の意味では定着せず，変わらない人は一向に変わらないのである。

## ４．改革のストーリーを描く

掘り下げた原因を踏まえて，課題の解決をどのように図るか。

解決に向けた大きなストーリーを描き，それに沿って個別の対応策を検討していくことになる。

対応策において，人事制度等の仕組みを変えることが中心になることは間違いないだろう。しかし，制度はあくまで手段であり，仕組みを変えることが目的化してしまったら，課題は解決しない。掘り下げた原因を踏まえて，何を変えようとしているのかを意識しなければならない。そうなると，その仕組みの導入においては，自ずと複合的な取り組みが求められるようになると思われる。

すなわち，原因を掘り下げていくと，先の３層モデルの最下層にある「組織において共有されている行動様式」や「過去の成功体験」，さらには「人の先入観や価値観」といったところに行きつくことが多く，最終的に，仕組みの導入を通じて，人の「意思」を形成したり，「意識」を変えたりしていけるかどうかが問われることになるのである。

## ■　打ち手を構築する際に押さえるべきポイント

人材マネジメントのあり方を変えていく上で，複合的な打ち手とはどのように考えていけばいいのか。再び組織文化の３層モデルに従って考えていきたい。

### 価値観・行動様式レベル

原因を掘り下げた結果，社員や幹部社員の価値観や行動様式に原因があった場合には，どのように変えていくべきかを明らかにする必要がある。公式な場でどこまで言うかどうかは別にして，施策を組み立てる責任者は，具体的に「誰がどのように変わるべきか」というターゲットを持っておくことが求められる。

よくあるのが，会社のライフステージが変わったにもかかわらず，意識が変わっていない者が多いという事態である。規模が大きくなったのに，まだ小規模組織の意識で行動したり，成長期を過ぎてしまっているのに，いたずらに保守的な志向を持っていたりといったケースにはよく出会う。こういった場合には，変わるべき人たちに対して，「覚悟を持ってもらう」「これまでの意識を捨てもらう」といったことを明らかにし，方針レベルで組み立て，実際の制度に落とし込んでいくことになる。

ここでのポイントは，「組織の将来にコミットすること」を基本的な考え方として置くことである。組織の継続は組織にとっての最も重要な要素なのである。過去の貢献を否定するわけではないが，変わらなければならない状況においては，過去より将来の方が重要である。人材マネジメントを考える立場としては，自分自身に対するということも含めて，この過去に対する「割り切り」と「覚悟」がないと，中途半端な打ち手になってしまうのである。

### 方針・戦略レベル

このように会社の状況を踏まえて方針を立て，制度や仕掛けに落とし込んでいく必要がある。

方針を立てる上でのポイントを２つ挙げておきたい。

１つは，時間軸を考慮することである。人材に関する施策というのは，すぐに結果が出るものではない。一方で，気が付いたら，組織としての力が出せないことになっており，手遅れということもあり得る。一方で，組織のマネジメントのレベル感も問われており，やろうとしても人材マネジメントのレベルが向上するまでの時間を考慮しなければならない。これらを考えあわせながら，ステップ・バイ・ステップで仕組みを組み立てていくのである。

もう１つは，総花的な方針を避け，フォーカスを絞った方針策定の方が有効ということである。「どうあるべきか」を考えていくと，理想論につながり，「あれもこれも」という総花的な方針になりがちである。切れ味の良い仕組みとするためには，漠然とした方針を避け，可能な限りターゲットを明らかにしていくことが望ましい。例えば，「良い会社にする」という方針では漠然としているが，これを「育成に力を入れる」方針とすれば，やりたいことが明確になってくる。さらに，「若手を育成する」と絞ってくると，仕組みも見えてくる。最終的に，「若手を○○のように育成していく」とすると，「誰が，どのように…」と制度レベルの議論に繋がってくるのである。

### 制度・ルールレベル

以上の方針を踏まえて，変化をもたらすきっかけとして仕組みを構築することになる。

価値観や行動様式から導き出されるポイントを押さえながら，方針に従って制度構築から運用までの一貫した取り組みとすることが必要である。

特に，変革を意図した制度設計・運用においては，この一貫性が重要である。一貫性を維持するためには，たとえ細かな点であっても，影響が大きい重要な制度においては例外的な運用を絶対認めないといった運用が求められることも多い。

また，人材マネジメントにおける仕組みというのは，制度を運用する役員や管理職と社員との相互関係を常に考慮に入れる必要がある。即ち，誰が運用するのか，誰に対して運用するのかの想定によって，制度・仕組みの内容や運用方法を変えていく必要がある。

特に，人事異動を立案する権利や評価権は，社員の人生を左右するものであり，権力として乱用されてしまうと深刻な事態を招きかねない。「運用する人を選ぶ」のである。

運用側のスキルも重要な要素となる。制度が要求するスキルレベルと組織の実態とがフィットしていないと，制度は形骸化することになりかねない。

例えば，評価制度などにおいては，「相対評価か絶対評価か？」といった議論があるが，これもどちらが正しい制度なのかというよりは，評価者に絶対評価を運用するだけのスキルがあるのか，つまり評価基準をしっかり理解し，少ない人数であっても被評価者に正しく適用できるだけのスキルがあるのか問われている問題なのである。スキルがないのに絶対評価を入れても，中身を伴わない制度運営になってしまうだけなのである。

## 5．人材マネジメントをめぐる今後の動き

第Ⅱ部では，３つの事例を用いて人材マネジメントに関する施策のイメージを持ってもらった。これらの事例で触れることが出来なかったが，各企業における人材マネジメントに関して重要になっていると思われる論点を２つ紹介しておきたい。

### ■ 組織における甘えと厳しさのバランス

人材マネジメントとは，言葉の通り「マネジメント」であり，結果をいかにコントロールするかという経営管理の技術である。人材マネジメントに携わる者は，業績をいかに上げるのかと同じように，人材をいかに育て，活かすのかについて，結果にコミットすべきである。

極論すれば，良い会社であるかどうかはゴールではない。良い会社であれば，良い人材が定着し，その能力をいかんなく発揮してくれるから良い会社が求められるだけである。言い方を変えれば，「良い会社ではあるが，弱い会社」で組織としての継続が覚束ないようでは，ダメなのである。

人材マネジメントは，人間を相手にした経営活動であるが故に，運用する人の人間観や社会観がでてきてしまうことがある。しかし，経営管理をつかさどる人事部としては，「結果を出すためにはどうあるべきか」がすべてであり，結果に結びつかない事象が見られる場合には，それを否定する必要がある。

例えば，性善説と性悪説，Ｘ理論とＹ理論，コーチングとティーチング…と人事管理をめぐっては人間観の異なる考え方が幾つも存在する。どの考え方が「正しい」とか，どの考え方が「新しい」とかの問題ではなく，ものごとの表裏を現わしているだけで，バランスの問題のように思われる。

しかし，会社によっては，このバランスが崩れて問題が生じることがある。例えば，性善説的な考え方を強く打ち出し，モチベーションを重視しすぎた結果，管理が甘くなってしまう。あるいは，性悪説的な考え方が勝ってしまい，

必要以上にメリハリをつけようとして社員が萎縮してしまう。あるいは，同じ会社において，中堅以上はティーチング的な組織観，若手はコーチング的な組織観と価値観が分かれており，上司にとっては普通の指導のはずがパワハラと捉えられてしまう。

こういった事態が生じるのは，世代や組織によって共有されている価値観にギャップがあることが背景にあると思われる。人事部としては，問題が深刻になる前に，組織アイデンティティなども含めて落とし所を見つけ，そこに誘導していくような手を打たなければならない。

人事部がどれだけ人事管理のあり方について，状況を見極めつつ，適切に管理職をリードできるかが重要なテーマとなっているのだ。

## ■　処遇から育成へ

「人事制度」と言うのは，第Ⅰ部で取り上げたような人材フレームを中心とする社員の序列と処遇を決定するための仕組みが中心であった。評価制度についても，処遇に使用するＡやＢなどの評価を導き出すことに重きが置かれていた。つまり，人材マネジメントの中心的な論点は，「処遇」を適切に決定することにあったと言ってよい。

一方で，「人材育成」については，人材マネジメントにおいてはあまり中心的な論点とはされてこなかった。すなわち，人材育成は大きく，OJTとOff－JTに分けられるが，このうち，OJTはほぼ現場任せになっており，Off－JTは，人事部による研修実施を人材育成であるとして，階層別研修などが粛々と行われてきたのである。

しかし，近年，人材マネジメントの中心的な論点が，「処遇」から「人材育成」へと大きく移ってきている。それにつれて，人事制度においても人材育成を狙いとした仕組みをどのように取り入れるかが問われるようになってきている。具体的には，評価制度においてはフィードバックにおいてどこまで育成的な効果を上げられるかが重要となっている。昇格審査も，現等級での評価の蓄積によって昇格を決定するという「卒業方式」から，次の等級での活躍がどこまで期待されるかという「入学方式」が重視されるようになってきている。

人材育成が注目されている背景には，「人材は勝手に育つものではない」という現実に，各社がやっと気づいたということがあろう。予算がある分だけ研修を実施し，OJTは現場に任せておいて，育った社員をスクリーニングしていれば，それなりに優秀な人材が揃ったという時代はもはや過去のものと言ってよい。近時の若手は，放っておくのではなく，きちんと方向付けをしてあげる必要があるのだ。同時に差をつけようとしない文化も，説明がつくのであれば差を許容する文化に変わってきているように思われる。

人材マネジメントはあくまで「マネジメント」であり，結果をコントロールすることが求められる。人材育成の取り組みは「やるだけやっておいて結果はついてくるだろう」という，ある意味無責任なプロセスから脱却しなければならないのである。

そのために，これからは，揃えるべき人材について，仮説に基づく計画を立案し，大きな方針に基づく施策を実行し，その結果を検証して，計画を再度見直すという，人材育成に関するPDCAサイクルを回すことを「人材マネジメント」の中心に据えることが求められる。意識的に人材を育てていくことができるように組織の人材マネジメントのレベルを向上させていくことが求められているのである。

# 第III部

# 人事機能に関する課題解決

# 第9章 受けなければならない人が受けていない研修に価値はあるのか

——投資としての研修の選択と集中

ケース7

## 1. 研修の抜本的見直しに取り組もうとしているG社

今年の人事異動で着任した商社G社人事部長は，営業部門出身である。

部長が就任早々取り掛かったのは，かねてより問題意識を持っていた人事部主催の研修の見直しであった。

### ■ 新任人事部長の研修体系への問題意識とは

商社の財産は人であり，人材育成が重要であるということは，社内で広く認知されており，研修関連の予算も削られることはほとんどない。

G社の人事部主催の研修は「Gユニバーシティ」と称されており，**表9－1**のとおり，大きく3つのカテゴリーに分けられる。

新任の人事部長は，つい先日まで営業部門の部長として自らが受講したり，部下を受講させたりする立場にあった。その際に問題と感じていたことは，次の2点であった。

1つは，部下に受講を勧める立場として，どんな社員が研修を受けているのかを見てみると，本当に研修を受けるべき社員が忙しくて受講できない一方で，あまり忙しくない社員ばかりが研修を受けているのではないかと感じていた。

もう1つは，受講者としての立場からの研修効果についての疑問である。1日や1泊2日で業務を離れること自体はリフレッシュにもなって悪くはないのだが，色々と都合をつけて業務から離れた割には，あまり効果がないように思

表9－1　Gユニバーシティ

| 種　類 | 概　要 | 主な研修 |
|---|---|---|
| 階層別研修 | 昇格・昇進に伴い，会社として当該等級・役職に求める知識やスキルを習得させるための研修 | 新入社員研修<br>新任管理職研修<br>部長研修 |
| 選択型研修 | 幅広い知識やスキルの底上げを目指し，各自の問題意識に従い受講が可能な研修 | 語学研修<br>ファイナンス研修<br>財務諸表講座 |
| 選抜型研修 | テーマやレベルなどを絞り，特定の社員を対象として，掘り下げた内容で実施する研修 | 事業投資研究<br>次世代幹部研修 |

える研修もあった。研修の品質管理ができていないのではないかと感じていたのである。

人事部で研修を担当するのは，教育研修チームである。部長はチーム長を呼んで，以上の自分の問題意識をぶつけ，実際の状況はどうなのかをチーム長自身の目で確認してもらい，見直しの方向性を探ることにした。

## ■　研修の現状と課題を改めて振り返ってみる

指示を受けた教育研修チーム長は，改めて研修に立ち会い，研修の内容と受講者の反応を確認した。さらに，受講者だけでなく，社内で実績を上げている社員や最新のビジネストレンドに詳しく有識者と目される社員で，研修を受けていない社員からも意見を聞いた。様々な方面から人事部主催の研修がどのように受け止められているのかを確認したのである。そして，その結果は，部長の問題意識を裏付けるものであった。

チーム長は，人事部長からの投げ掛けに対して，そもそも研修のニーズは何かを考え3つに類型化した。そして，それぞれのニーズに現在の研修コースがどのように応えているのかという切り口で現状をまとめることにした。

**３つの研修ニーズ**

Ａ）　必須知識・スキルの習得
　仕事の遂行に必要不可欠なことを学ぶ。
　例：新入社員研修や新任管理職研修などがそれに相当する。

Ｂ）　成果創出のヒント
　実際のビジネスにおいて，より成果を上げるのに役立つことを学ぶ。
　例：ファイナンスやマーケティングのフレームワーク等

Ｃ）　気付きの機会
　日頃の活動の中で気付かない課題に気付くような機会を得ることで，視野を広げたり高めたりする機会を得る。
　特に，日頃当たり前と思っていることを振り返り，その中に潜む課題を洗い出すことで，成長を促す。
　例：組織の課題掘り下げやリーダーとしての各自の課題など

３つの研修ニーズに即して現状の研修コースの状況をレビューした結果をまとめた表が，次頁の**表９－２**である。

「Ａ）　必須知識・スキル習得」については，人事部としても継続的に見直してきたのであり，あまり問題はなかった。

しかし，「Ｂ）　成果創出のヒント」と「Ｃ）　気付きの機会」については，潜在的な社員のニーズに対して，現状の研修体系ではその期待に十分に応えているとは言えない。

「Ｂ）　成果創出のヒント」については，研修を通じて伝えたいテーマについては，理解はできるが，正直なところ，活躍している現場の社員にとっては，業務の予定をやりくりしてでも受けたいというほどのテーマとは思えず，仮に受講したとしても期待以上のものは得られないことが多いという。

その結果，研修コースの数はそれなりに整っており，一見充実しているようだが，実際のところは，内容も受講者もあまりぱっとしない，いまひとつの研修コースがほとんどになってしまっている。

一般的な研修コースではなく，Ｇ社あるいは商社の状況を踏まえて，成果創

▶ 表9－2　G社研修の現状

| 研修ニーズ | 受講者ニーズとの適合 | 研修コンテンツと手法 |
|---|---|---|
| A）必須知識・スキル習得 | コンプライアンスの強化やガバナンス体制構築など，人事部のみならず，管理部門各部から，全社的に教えなければならないことが目白押しの状態。<br>全体として，問題はない。 | 素人の社内講師が中心であり，重要な内容だが，しっかりと伝わっているのかは疑問。 |
| B）成果創出のヒント | 現場の第一線の社員が業務の都合をやりくりしてまで受講しようとするほどの内容にはなっていない。<br>どちらかと言えば，勉強好きの社員ばかりが受けたがる傾向にある。 | 一般的な知識のインプットであれば，本を読むのと変わらないのではないか。<br>ありきたりな内容のプログラムが多く，研修ならではの付加価値を感じられない。 |
| C）気付きの機会 | 選択型研修ではインプット好きの社員が受講者の中心になっている。<br>階層別・選抜型研修のいずれも，プログラムの中に組み込んでいるが，受講者の問題意識に即していない状況。 | 研修講師の力量に大きく依存しており，当社の現状に即した気付きを与えられない研修も多くなってしまっている。 |

出のヒントになるようなプログラムを作ることができれば良いのかもしれないが，現在依頼している研修会社と講師の持っている知識・経験からは，とてもそこまで期待できそうにない。

「C）　気付きの機会」については，取り上げるテーマは，リーダーシップなどソフトなものが多くなるが，受講者の課題意識と研修プログラムがマッチしていない場合が多い。何でも素直に受け止めるタイプの受講者には好意的に受け止められている研修であっても，元々問題意識が高い受講者が研修内容に納得いかないと不満を訴えることがしばしば発生していた。

例えば，選択型研修として開催された「コーチング研修」などは，そもそもＧ社にどうしてコーチングが必要か，具体的にどういう場面でコーチングが求められるのか，について受講者と講師の間での認識のずれがあり，研修はうまく行っていなかった。他に階層別研修で取り上げた，マネジメントスキルの研修においても，グループディスカッションにおいて，受講者は自らのマネジメントスタイルの問題点を吐露するのを避け，グループ全体で講師の求める答えを想像しながら，それに合わせて回答を作り，講師はその回答にコメントするという，不毛なやり取りになっていた。

外部の講師に依頼する限り，Ｇ社の部下指導やマネジメントの実態を踏まえた内容にするには限界があるのかもしれないが，客観的に見て，研修に掛ける手間と時間が回収できている感覚は持てなかったのである。

### ■　研修のあり方に関する抜本的な見直しの指示

以上の教育研修チーム長のレビューを受けて，人事部長は，チーム長に「受けるべき社員が研修を受ける仕組み作り」と「研修プログラムのブラッシュアップ」を指示した。もちろん，この２つのテーマは相互に関係している。研修という手法に照らして，誰がどういう内容の研修を受けることが求められているのかを考え，研修内容を見直すとともに，必要な社員に研修を受講してもらう仕組みを構築するということである。

念のために記しておくが，これまで教育研修チームは毎年のように研修コースの見直しを行ってきていた。

立ち会ったチーム員の感想と研修のアンケートを基に，受講者の満足度が低い研修コースを入れ替えたり，受けてみたい研修を調べて新しい研修を導入したりしてきたのである。

しかし，同じようなプログラムを毎年実施しているうちに，いつの間にか教育研修チームは，研修講師と受講者とに囲まれてルーティン業務としての研修提供業務をこなすことが中心になってきてしまった。そして，そもそも何のための研修なのかという視点が徐々に失われ，部長の問題提起にあったように，本来受講すべきだが，受講していない社員の声が聞こえてこなくなっていたのである。

## 2．G社研修体系の問題構造

人事部長の研修体系再構築の指示は，研修ニーズと受講者のマッチングと，研修ニーズに即した研修プログラムの策定である。順に考え方を整理していきたい。

### ■　あいまいな研修ニーズと中途半端な研修コース

必要とする受講者が必要な研修を受けていないという状況を，研修の曜日設定や告知の方法といった手段の問題に矮小化して捉えるべきではない。

研修が本当にニーズを的確に把握し，効果があるものとなっていれば，必要な社員は万難を排して研修を受けるはずである。それが叶わない場合には，人事部に対して，「受けたいのに受けられない」「部下に何とか受けさせたい」という問題提起がなされるはずである。

G社では，受けられる社員が受けているだけであり，会社を引っ張っている多忙な社員が本当に求めているメニューを提供できていないのである。

G社に限らず，多くの人事部において，人材育成の仕事≒研修の企画・実行となっている。

確かに，教育研修が人材育成における重要な手段の一つであることは間違いない。しかし，人材育成に関する流れの中に，研修がどのように組み込まれているのかが不明なまま，目指す人材像と研修体系が並べられているだけの会社が多い。そこからは，会社としてどのように人材育成に取り組んでいるのか，その基本的なプロセスが見えてこないのである。

この基本的なプロセスというのは，社員に何らかの課題があり，その課題を解決するために会社が提供する研修という手段が有効に機能する，というシンプルな関係が成り立つようにするものでなければならない。

まず，社員の課題から見ていくと，社員自身が成長に向けた何らかの課題感を持っており，それを解決する手段の一つとして研修を受けなければと考えている状態が理想であろう。

しかし，各自の成長に向けた課題に関しては，客観的に自分を評価できていることは稀であり，むしろ上司や先輩の方が課題を分かっている場合が多い。にもかかわらず，面談などで研修を受けることを勧めたり，業務の一環として受講を命じたりする流れが出来ていないため，本人の課題感は漠然としていたままであることが多い。

次に，研修を企画する人事部から見ると，社員の共通的な課題をニーズとして人事部が認識し，それに対する研修を提供して解決を助けることになる。

とすると，人事部として，いかにニーズを拾い上げることができるかが問われることになる。

昇進・昇格のタイミングで会社側が教えなければならないテーマが明確である階層別研修はさておき，それ以外の選抜型研修・選択型研修については，ニーズの拾い上げは簡単ではない。G社のようにアンケートに受講したい研修を記載してもらってニーズを拾いあげることもよく行われる。しかし，受講した社員に聞いても限定的な情報しか得られない。それ以外は，研修スタッフの想像力に頼っている会社が多いのではないだろうか。

しかし，ここのニーズの拾い上げが十分でないと，研修コースの狙いがぼやけたものになってしまい，研修内容も一般的なものになってしまう。

社員自身も上司も課題感が漠然としている状態で，研修コースの狙い自体も漠然としていると，自ずと研修コースは中途半端な位置付けになってしまう。

その結果，社員には，ある研修が本当に自分に必要なのかが判断できず，手の空いている社員ばかりが研修に参加する事態になってしまうのである。

## ■　投資という観点から研修ニーズと受講者のマッチングを考える

研修という手法を用いて，ある社員に何らかのツールなり知識を伝えることが，何らかの効果を上げ，最終的に会社にとっての大きな成果となって返ってくるという流れを想定すれば，研修とは「投資」と考えることができる。

研修に関する投下資本（コスト）は，講師料や会場費だけではない。現状の業務にかける社員の時間を研修に振り分けるということは，その時間の人件費だけでなく，その時間を通常の業務に充てていたらどうなるのかという機会費用が発生するのである。これに対して，どれだけ高いリターンを得られるのかという発想で考えるのである。

例えば，ビジネスを順調に進めている社員が，敢えて業務を空けてでも研修を受講するに足るだけの効果があるのかが問われるのである。

## ■　研修ニーズに即した研修手法の再検討

研修を投資と捉えた場合，研修手法の開発も投資の回収に大きな影響を与える。研修テーマと狙いにマッチした研修手法が採られているかどうかによって効果は大きく変わってくるのである。

研修効果を考えるには，細かいところまでプログラムを設計する必要がある。何を題材とし，そこから何に気付いてもらうのかなどは，受講者の課題感やレベルについて，かなり正確に仮説を立てておかないと空振りに終わる危険性が高い。

また，講師の力量も大きな要素である。一般的な研修内容であれば，話術の巧みさで飽きさせない講師が確保できれば十分だったのであるが，一歩踏み込んだ内容になると，急に難易度が高くなる。

研修を提供してくれる講師，あるいはコンサルタントは，一般的な事情には詳しいかもしれないが，G社の事情までは理解していないことが大半である。

また，研修会社としても，定番の研修を何回も繰り返すことが商売としてはうまみがあることから，個社ニーズに対応した研修プログラムを作るのには二の足を踏むのが通常である。

そうなると，G社サイドがかなり汗をかいて，G社の状況や受講者のイメージをかみ砕いて，魅力的で効果的なプログラムにしていかなければならない。しかし，これを経験の少ない人事部スタッフだけで行うには無理があろう。人事部スタッフに，G社ビジネスの最前線で，現在，社員が何を悩んでいるか，どういう知識があれば勝てるのかまでの仮説構築を求めるのは厳しいのが現状である。

つまり，人事部長の投げた課題に正面から対応するとなると，これまでの人事部スタッフの知識・経験だけでは難しく，他部署と連携しながら進めていくことを視野に入れる必要があるのだ。

## 3．研修を投資と捉えなおす

これまでのG社研修体系は，「Gユニバーシティ」という名が示す通り，人事部が予め講座を用意し，そこに受講者を呼び込むという，言ってみればカルチャーセンターのような仕組みであった。

部長の指摘は，この仕組みを根本的なところからの見直しを求めているのであるが，上述の通り，「投資としての研修」というコンセプトで見直してみるとどうなるかを見ていきたい。

### ■　研修を「投資」と位置付けると何が変わるのか

投資として研修を捉えるとなると，次の２つの見直しの方向性が考えられる。

１つは，「選択と集中」である。

受講者の時間も含めた資源を有効に活用するためには，手間を掛ければそれだけ高い効果が期待できる研修には惜しみなく資源を投入し，一方で，効率的に運用できる研修は徹底的に合理化する。効果を狙って作り込む投資的な研修と，広く展開する教養講座的な研修を切り分けて，メリハリをつけるのである。

もう1つは，出来上がっているものから考えるという「プロダクトアウト」の仕組みから，求められているものから考えるという「マーケットイン」の仕組みに変えることである。すなわち，まず研修に対するニーズを探り，それに合わせて研修のプログラムを企画するのである。ただ，研修ニーズの探索については，社員の希望を聞いても，投資対効果の高いテーマは出てこない。世の中の動き，業界の動き，そして会社が組織として備えるべき専門性について先を見通しつつ，会社の現状を把握している人材が企画に加わる必要がある。

## ■　研修コースの選択と集中の実施

このように考えると，G社は，現状を踏まえて，研修を簡素化すべきものと，強化すべきものに振り分けることになる。

まず，研修ニーズがほとんどないまま続けてきた一般的な内容の研修は，これを機会にコース廃止すべきであろう。しかし，これまでもそういった見直しは行ってきており，さらに止められる研修はそう多くないのではないかと思われる。

選択型研修に関しては，一定のニーズはあるものの，基礎的な内容であり，一般的な研修機関の提供するプログラムであれば十分というコースが大半を占めると思われる。これは，運営の簡素化を検討すべきであり，Webで好きな時に受講できるような仕組みに切り替えることなどが考えられる。

階層別研修についても，同期会と勘違いする向きもあるが，座学であれば，テレビ会議システムで参加すれば移動の手間も省け，海外からの参加も可能である。こういったテクノロジーを活用して，手間を省けるところは徹底的に簡素化することが可能である。

そして，以上で生じた余力を投資対効果の期待できる研修に振り向けるのである。

## ■　投資対効果の期待できる研修プログラムの検討

投資対効果の高い研修コースの企画については，まず，人材への投資という観点で，最も力を入れるべきテーマは何かを考える。その中で，セミナーやワークショップ等の何らかの機会の提供によって，最も投資対効果が期待できるテーマを絞り込んでいき，予算等の制約条件の下で，最も効果的な研修手法と講師を検討することになる（図９－１参照）。

ただ，本当の投資のように，数値で判断する必要はない。むしろ，研修であるが故に，まだ海のものとも山のものとも分からないものの，誰かが勉強しなければならないことなどがテーマとしては適しているように思われる。

問題は，誰がこのコースを企画するかである。これらすべてを教育研修チームがやれるかというと，厳しいであろう。これからの事業展望に明るい人材，特定の領域の専門家などを巻き込んだ検討体制の構築から考える必要があるのだ。

▶ 図９－１　効果的な研修の探索

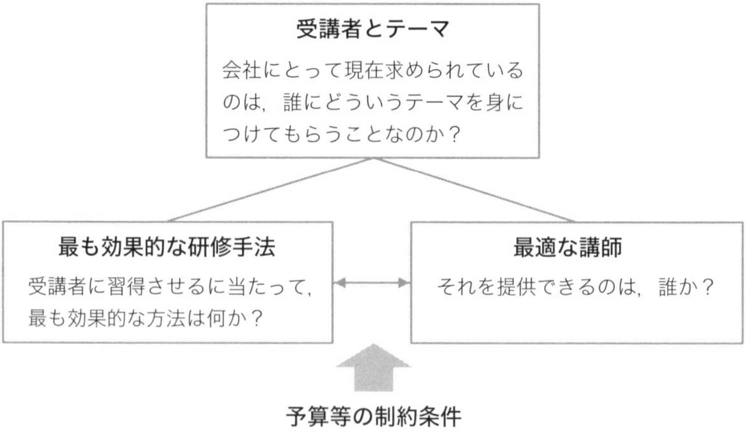

**受講者とテーマ**
会社にとって現在求められているのは，誰にどういうテーマを身につけてもらうことなのか？

**最も効果的な研修手法**
受講者に習得させるに当たって，最も効果的な方法は何か？

**最適な講師**
それを提供できるのは，誰か？

予算等の制約条件

## 4. G社の研修体系はどう変わったか

### ■ 階層別研修の見直し：若手向けの研修にフォーカスする

階層別研修のコースについては，せっかくの機会だからということで企画した研修内容も多く，狙いも効果も不明なものが多かった。絞り込んでいくと，社内横断的な連絡事項や会社の方針の伝達が中心であったので，わざわざ集合してもらう必要はないと判断し，テレビ会議システムでの実施を原則とした。

例外は，入社7年目研修である。これは，昇格という節目に当たることから実施していたものであり，半日の社内講師によるコンプライアンス研修と1日半の外部講師によるリーダーシップ研修であった。このリーダーシップ研修は，参加者が置かれている状況がバラバラということもあり，効果があまりなく，実際のところ受講者にとっては夜の懇親会が目当てとなっていた。

今回の見直しにおいては，ルーティン業務に追われている若手総合職の目線を高くしなければならないのではないかという意見があり，そのためのプログラムを7年目社員の研修に取り入れることとした。

具体的には，7年目社員にマクロ環境変化を踏まえた今後の会社の向かうべき方向性を議論してもらう内容のプログラムとしたのである。これは，部長研修と同じ内容である。若手社員に敢えて大所高所から議論する機会を持たせることによって，普段どこまで意識して勉強しているかも分かるようにし，受講者相互が刺激し合える機会としたのである。

### ■ 選択型研修の見直し：評価フィードバックとを結び付ける

選択型研修は，財務諸表分析やファイナンスなど，いわゆるセオリーを教える講座が多く，色々な階層の社員が受けられるように適宜プログラムを差し替えてきた。

これらに対する教育研修チームの労力もそれなりに掛かっていたのであるが，

内容は一般的で定番化しているプログラムであり，Webで好きな時に受講できる仕組みに切り替えることにより手間を大きく省くことにした。

しかし，受けたい人は勝手に受講しておくようにというだけでは，多くの社員は何もやらないことが経験的に分かっていたため，評価を踏まえたフィードバック面談において，上司と部下が育成方針を決定する際に，講座の申し込みを行うような仕組みとし，登録しても終了しない者に対する督促等も，本人と上司に自動的に行われるように設定した。

## ■　選抜型研修の見直し：重要なテーマを探索する

そして，このように階層別研修と選択型研修を簡素化することによって生じた余力を，絞り込んだ選抜型研修に振り向けることにした。

人事部長は，そのテーマを探すために「重点研修テーマ検討委員会」という会議体を設置した。**図９－２**のように，委員会で毎年２テーマ程度を決め，テーマごとに研修実施に向けたプロジェクトチームを走らせる体制にしたのである。

検討委員は，これからの経済の動向やＧ社事業の今後について検討を重ねてきた中期経営計画の策定メンバーを中心に，人事部長が選んだ。

検討委員には，人材への投資という観点でフリーにテーマ案を考えてもらった。そして，その中で重要度が高く，全社での取り組みに相応しいテーマを選び，受講者と内容と，その想定効果を考えていった。

研修として成り立つかどうかは後から検討するとして，まずは人材投資に値するかどうかという観点から発想してもらった。

人事部長は，発想の切り口としては２つを提示してみた。

１つは，「あまり気付かれていないもののシリアスな問題」，もう１つは，「将来的な事業機会を考えた際に，知識として社内に仕込んでおいた方がいいテーマ」である。

これに沿って検討した結果として，検討委員から挙がったテーマ案は**図９－３**の通りである。

▶ 図9－2　選抜型研修検討の体制

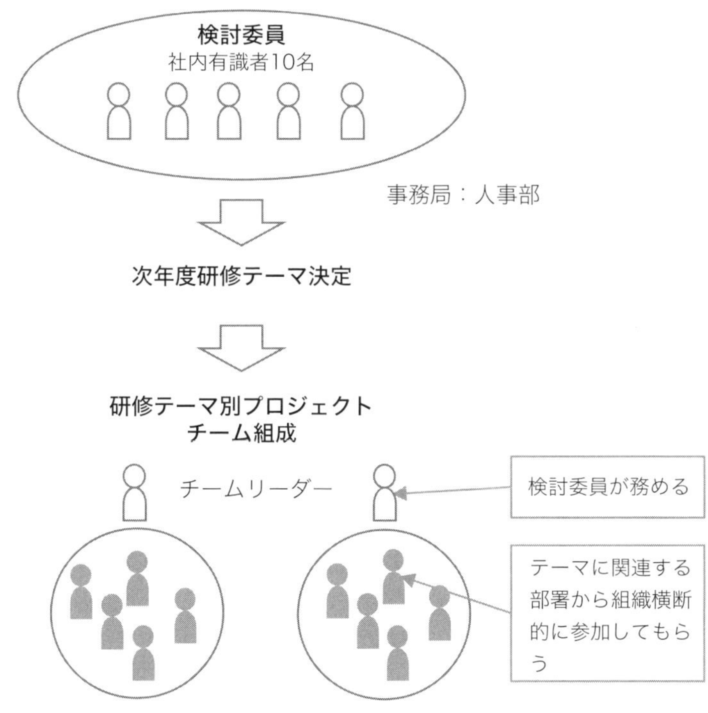


## ■　選抜型研修のテーマの選択とプロジェクト化

これらの中から，全社の取り組みというよりは，職制での取り組みに任せた方が良いと思われるテーマ（例えば，サブサハラ地域）や，まだ研修としての出口が想像つかず，もう少し世の中の議論が成熟するのを待った方がいいテーマ（例えば，SDGs）を外し，人材への投資という観点で効果があると見込まれ，かつ効果が高いテーマを選び，それぞれについてプロジェクトチームを組成して研修化を検討することとした。

▶ 図９－３　重点研修テーマ案

**課題発見型研修テーマ**

あまり気付かれていないが，実際はシリアスな問題

テーマ案

- 課長の人材育成力の低下
- 中高年社員の戦力化
- ・・・

**事業直結型研修テーマ**

将来的な事業機会を考えた際に，知識として仕込んでおいた方がいいテーマ

テーマ案

- サブサハラでの事業機会検討
- 出遅れ気味のフィンテックの事業化検討
- SDGsの当社ビジネスへの影響
- 我が国の人口減少に伴う過疎地対策と物流の構造変化

今年度のテーマとして選ばれたのは，「課長の人材育成力の低下」「出遅れ気味のフィンテックの事業化検討」である。

これらのプロジェクトチームにおいては，検討委員の中からプロジェクトリーダーを任命し，教育研修チームが事務局として，チーム運営を行うとともに研修手法の検討を行うこととした。

プロジェクトメンバーには，プロジェクトリーダーと人事部長が，テーマに明るいと思われる人材を社内の関連部署から選んだ。

階層別研修と選択型研修の運営方法の見直しによって，コストが大幅に削減できたので，この２つの研修にはかなりのコストを掛けることが可能であった。他方，掛けたコストに見合うだけの効果が期待されたため，プロジェクトメンバーにとってはかなりハードルの高い取り組みであった。

ただ，プロジェクトメンバーはこのプロジェクト活動における様々なチャレンジを面白がってくれていたのが印象的であった。

## ■　研修テーマ１：「課長の人材育成力」プロジェクト

チームメンバーからは，研修をしたとしても，課長自身に「自分は部下を育成できていない」自覚がない限り，効果が見込めないのではないかという問題

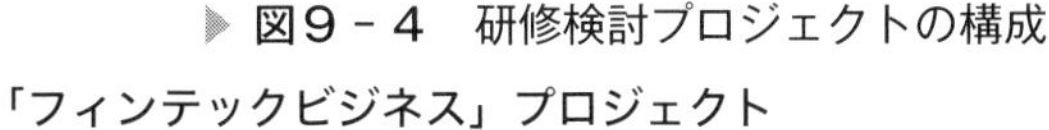


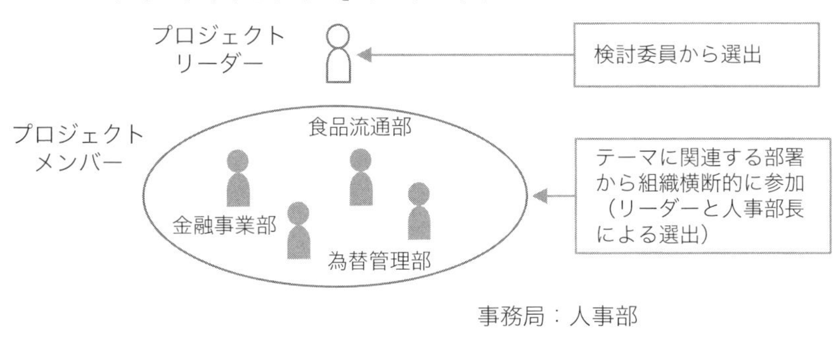


研修内容・進め方
講師等の検討

提起があった。

確かに，本人が自覚していないこと，無意識のうちに認めたくないことについて，通常の講義やグループディスカッションを実施しても，受講者の多くは自己を否定するのではなく，「研修講師が求めている解答」を探すことに終始してしまう。本当の意味で自分のやってきたことを振り返り，変えていくということに関してはほとんど効果がないのである。これは，同じようなテーマでこれまで行ってきた研修でも明らかになっていることであった。

喧々諤々の議論の結果，集合研修はごく一部に留め，プログラムの大半を1対1のコーチングを実施することになった。

コーチングでは，コーチが課長の部下について，どのように育成方針を立て，日頃の支援を行っているのかを確認していく。丁寧に状況を聞き出しながら，自らの育成スタンスの間違いに気付いてもらい，その修正をコーチに宣言し，数ヶ月後に進捗を確認するというプログラムである。

コーチングの対象者は，360度評価の結果を示した上で，自ら希望する者と，上司の指示があった者とした。つまり，人材育成という点で課題を抱えている課長に絞り込んだのである。

## ■　研修テーマ２：「フィンテックビジネス」プロジェクト

フィンテックについては，金融事業部が先行的に研究していたが，全社的な広がりを持てないという悩みを抱えていた。そこで，金融事業部と人事部での共催として，幅広い情報の共有を講義形式で行い，その後，案件化検討を目指すワークショップを実施する組み合わせとした。

プロジェクトチームは，「社内で行っている多様な取引に対して，決済手段や貿易金融におけるフィンテックの活用が何らかの事業機会につながるのではないか」という仮説を立て，ベンチャーキャピタルの現役マネージャーをコー

▶ 図９－５　フィンテックビジネス研修の構成

「フィンテックビジネス」研修

| | |
|---|---|
| 1）フィンテック基礎講座 | 全社向けにフィンテックに関する基礎的な情報をまとめて提供する。<br>実例と商社向けに考えられる事業機会に関する講義。<br>希望者対象。 |
| 2）事例研究会 | 成功事例を中心に，背景のテクノロジーやビジネスモデルを掘り下げる研究会。<br>各部門事業化検討担当者と個別に参加希望のあった部署代表者のみ。 |
| 3）事業化検討ワークショップ | 部門横断の事業化検討チームを複数立ち上げ，実際の事業化を目指して事業プランを策定する。<br>ベンチャーキャピタルのマネージャー（顧問）が各チームの事業プランを評価し，コメントを加える。<br>最終報告会は，金融事業部長向けにプレゼンを行い，事業化の可否が判断される。 |

ディネーターとして招いて，プログラム全体の企画を一緒に行った。そして，検討の結果，研修を三段階に分けて実施することとした。

まず，「フィンテック基礎講座」として全社向けに基礎的な情報提供を行った。

次に，フィンテックビジネスに関連すると思われた営業部門の事業化検討担当者を集め，さらに参加希望があった部署の代表者を加えて，さらに掘り下げた事例研究とテクノロジーに関する勉強会を丸１日掛けて実施した。

そして，事例研究を参考に，幾つかの部門横断的な検討チームが事業プランを検討するという流れにした。

約１ヶ月後に各チームが検討した事業プランを発表するワークショップを実施した。発表された事業プランに関しては，コースを監修したベンチャーキャピタルのマネージャーがコメントを加えた。

さらに１ヶ月掛けて，コメントを踏まえて各チームはプランをブラッシュアップし，最終案を金融事業部長に対してプレゼンテーションした。そして，事業化の可否についての判断をしてもらうこととしたのである。

**このようにG社は，人事部以外の有識者も巻き込みながら，研修のあり方を抜本的に見直し，人材に対する投資の手段として位置付け直すことに成功したのである。**

# 第10章 人事部が立ち上がらなければならないとき
## ――社外価値の取り込みに向けた人事部のチャレンジ

## 1．不祥事が発覚したＨ社

### ■　伝統的に営業の発言力が強いＨ社組織

一部上場の中堅消費財メーカーＨ社は，ニッチな商材を強みとしており，業界他社が問屋を通して小売りに卸す中で，直販体制で差別化し，現在の地位を築いてきた。

しかし，最近は，規制緩和もあり，チャネルに変化が生じている。コンビニや量販店といった全国流通チェーンでも取扱いがはじまり，大手メーカーが競合品で攻勢をかけてきたのである。Ｈ社の営業部門は，強みである伝統的な直販営業を展開する一方で，全国チェーンとの集中取引やプライベートブランドなどへの対応を行うという両面での展開を迫られている。

Ｈ社は，直販の営業力を強みとしており，伝統的に営業部門の発言力は強い。

営業を統括する生え抜きの副社長は，豪快でありながら細かい点にも気が回る。あくの強い人物であるが，先代社長からかわいがられて引き上げられた経緯もあり，営業が会社を支えているという自負と強い責任感を背景に，社内を実質的に仕切っている状況である。

社長は，オーナー家出身で，営業を担当した後，経営企画でマーケティング等に携わり，２年前に社長に就任している。人柄は温厚で，営業に関してはベテランの副社長に任せる形になっている。

人事制度も，営業が強い会社ということもあって，目標管理を中心とした成果主義的な評価制度であり，営業においては，予算達成度が評価の中心である。

これに止まらず，キャンペーンに対する報奨制度や優秀営業スタッフの表彰制度など，直売営業スタッフのモチベーションを上げるための各種の仕組みが取り入れられており，社内でもそういったイベントは重要なものと認識されている。

また，営業部門は実力主義が徹底され，若い優秀な営業マンが所長に抜擢されたり，成績が悪い営業所長が更迭されるようなダイナミックな人事が日常的である。

管理部門の担当役員は，メインバンク出身の専務である。日頃から管理体制の強化が必要であると周囲には言っているものの，社内の個別の意思決定に関しては，この道40年の経験を誇る副社長の意向に反論するのは難しい状況である。

「何だかんだ言っても，営業がこの会社を支えており，きつい仕事をこなしながら懸命に結果を出そうとする営業スタッフが大切である」という価値観を，管理部門全体も共有している。

また，人事部長をはじめとして管理部門の部長も，ほとんどが生え抜きであり，副社長とは親しい。そのため，上司の専務を飛び越えて，副社長から営業活動に障害となるような事情の解決について，やや無理筋の依頼が直接来ることも多く，そういった時には，各部の専門的な立場から何とか法律に抵触しないよう知恵を出すのが普通になっている。

人事部についても，例外ではない。採用においても，営業スタッフは副社長が最終面接で決定する慣行になっている。

なお，所長人事も含む全国の営業所に関する人事異動も，営業部門内で副社長中心に検討した結果が人事異動申請として人事部に提出され，人事部としては基本的に形式的なチェックを行うだけになっている。

## ■　問題の発覚と使われなかった内部通報制度

数ヶ月前に，辞めた営業スタッフのヒアリングを行ったところ，次のようなことが明らかになった。

営業部門では成績をかさ上げするために，決算期になると，無理の利く顧客に在庫を押し込んで架空の売上を計上する，いわゆる「押し込み営業」が常態化しているらしい。また，外回りが終わってから色々な事務手続きを行うために，サービス残業も多く，深夜残業にならないように自宅に持ち帰って仕事をする社員がほとんどであるという。

人事部スタッフが，どうして内部通報制度を使わないのかと聞いたところ，H社の営業部員は目標達成に集中することを意識付けられており，「内部通報したからといって何が変わるわけではないし，そんな時間があればもっと売上を増やさないと」と考えるのが普通だということであった。

報告を受けた人事部長は，これを放置しておけば大変なことになると考え，上司の専務に相談した。

専務は，副社長に実情を尋ね，「これが事実であればまずい」と伝え，副社長から「分かりました。実態を調査します」という回答を得た。しかし，その後，専務に調査報告があったわけではない。部門内にメールで「押し込み営業禁止とサービス残業禁止」に関する注意喚起が通知されただけであった。

専務も，本当に事態が明らかになってしまうと，過去の売上，利益も間違っていたことになる可能性があることに気付いており，寝た子を起こすことを恐れ，これ以上追及する気はないようである。

## ■　どこから手を付ければいいのか：人事部長の悩み

人事部長は，新聞やテレビなどで，伝統的な企業の不正発覚のニュースを目にし，他人事とは思えなくなってきた。いつか当社においても，押し込み営業あるいは残業代不払いで告発される時が来るかもしれないと思うと，不安でならない。

しかし，直属上司の専務は，社外から来た人であり，役員任期の残りはわずかの「よそ者」であり，どこまで頼りにしていいものか分からない。一方で，副社長には以前から可愛がってもらっており，最初からけんか腰で当たるのも避けたい。

人事部として何ができるのか，管理部門全体として何をすべきなのか，そして，どこから手を付ければいいのか…人事部長の悩みは深かった。

## 2．不正を生み出すH社の問題構造

### ■　仕組みや個人の問題と捉えても問題は解決しない

この事例は，単なる仕組みの問題として捉えることもできる。また，副社長や専務の役員としての資質の問題として捉えることもできる。

いずれの捉え方も間違ってはいない。しかし，H社人事部長の問題の捉え方としては，どちらも十分ではない。

まず，仕組みという点では，時間外勤務を中心とした人事に関するルールやシステムの未整備によって，サービス残業などの実態が分からなくなっているのは問題である。

しかし，サービス残業などは仕組みの不備によって生じているのではない。現場の営業スタッフの間には，「結果を出した者が評価され，法律やルールは許されるギリギリのラインで守っていればいい」という価値判断が職場でいつの間にかできあがってしまい，先輩から後輩へ引き継がれてきたのである。

これに対して，人事部は，まずは時間外勤務を正しく把握して，時間外勤務手当を正しく支給することができるようにしなければならない。しかし，人事部が現場に「ちゃんと勤務時間を正しく申告してください」と指導しても，恐らく営業部の現場における行動パターンは変わらない。人事部に対しては「分かりました」と答えながら，より巧妙に時間外勤務を隠蔽するようになっていくことが予想されるのである。

次に，本事例を副社長や専務の個人の問題として捉えるのは，極めて分かりやすい議論である。会社帰りの居酒屋では，こういった話で盛り上がるものである。

しかし，残念ながら，人事部長には役員の任免権はない。役員の人格や資質を問題として，それをどうするかという問題にするのではなく，それを与件として，どういう手が打てるかという形で問題を捉えなければ，話は先に進まない。そもそも，H社役員の資質は，そんなに問題なのかと言われると，特別ひどい例とまでは言えない，よくある話のレベルではないだろうか。

## ■　人事制度の問題ではなく組織の問題として捉える

この事例は，組織のもっと根本にある問題が，たまたま時間外勤務隠しや押し込み営業という形で現れていると見るべきであり，その根本的な問題を人事という切り口から解決しなければならないのである。

人事部長としては，**図10－1**に示したように，現場で生じつつあるコンプライアンスの問題を，組織の構造的な問題として捉えるべきである。

まず，営業現場では，これまでの成功体験に基づき，過度に業績が求められ，ルールは形式的にさえ守っていれば大丈夫であるという行動様式が組織内で受け継がれてきており，現場におけるコンプライアンス軽視の行動に繋がっている。

しかし，これに対する人事制度等の仕組みは，営業を中心とした報奨制度はあるものの，自由な営業活動にブレーキを掛けるような時間外勤務の把握や手当の支給などは，十分とは言えない。

牽制機能を果たすべき管理部門も，営業至上主義の下，管理牽制より営業支援が強調されていると同時に，生え抜き社員の連帯感が根強く，副社長が可愛がっている社員の非公式ネットワークが存在している。

そして，トップの意思決定も副社長が強力なリーダーシップを発揮しており，役員間での自由闊達な議論は行われていない。

図10－1　H社の問題構造

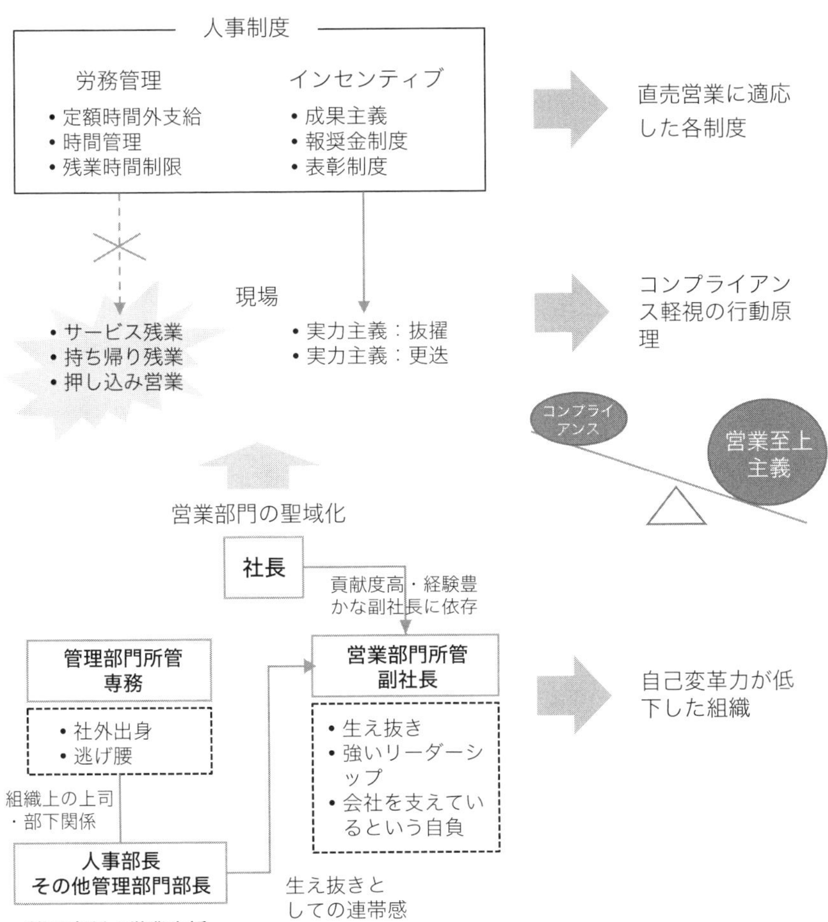


これらの組織の特性により，H社では営業部門が聖域化しており，直売から量販店へのシフトという営業チャネルの変化と，人事労務管理における社会的責任の重視という環境変化に対応できずに，不祥事につながりかねない事態が生じてしまったのである。

「人事部が取り扱う問題ではない」と思われるかもしれない。しかし，万が一，労務管理の領域で不祥事が発覚した時には，人事部長も責任を問われることになるのである。「これは専務の問題です」とか「仕組みはちゃんと作っているのですが，現場が…」と逃げることはできない。

### ■　自己改革の出来ない組織になってしまっているＨ社

問題が顕在化したきっかけとして，営業チャネルの変化と人事労務管理の２つの環境変化を挙げた。

前者はさておき，後者については，今やサービス残業や過労死等の社会問題を踏まえて，働く者の労働時間管理についての社会的な要請水準が上がり，会社の管理について高いハードルが課されるようになってきていることからすると，本来人事部が主導して対応しなければならない問題である。

この問題に対して，営業部門は敢えて目をそらしているようである。個々人のレベルでは「サービス残業はまずい」とは理解はしているものの，会社がひっくり返るほどの「まずさ」とは捉えておらず，業績を確保する方がはるかに重要であると信じて疑っていないのである。人事部としては，それを「間違っている」と指摘はする。しかし，営業部門が聖域化されてしまっていることから，その指摘が現場の価値観や行動パターンを変えるほどの影響力を持ちえない状況なのである。

Ｈ社のような，過去の成功体験に基づく一部組織の聖域化と，それによってガバナンスが効かなくなってしまう事態は，昔から企業や団体の不祥事にしばしば見受けられる構図である。

組織の問題に関する研究に，『失敗の本質』（戸部良一他［1984］）という名著がある。これは，ノモンハン事件やインパール作戦など戦時中の日本軍の作戦の失敗を分析し，その背景にある日本軍の組織的な問題を明らかにしたものである。これによると，敗れた日本軍は「官僚制の中に情緒性を混在させ，インフォーマルなネットワークが強力に機能するという特異な組織」であり，

「多分に情緒や空気が支配し」,「あらゆる議論は最後には空気によって決定され」ていたとされる。

H社においても同様に，直売を軸とした成長体験と副社長の生え抜き社員を中心にした非公式ネットワークが，営業部門に対して物申すことのできない「空気」を作ってしまい，結果的に，H社を自己変革できない組織にしてしまっているのである。

## 3．組織の自己変革を促していく

### ■ 社外の価値を取り込むことの必要性

このように状況を整理すると，人事部長として取り組まなければならないことは，H社に「労務管理に関する環境変化に対応して，組織としての自己変革を起こしていく」ために動くことである。

実のところ，人事労務管理に関する近時の環境変化は，人事労務に関する意思決定のあり方を根本的に変えるインパクトを持っている。

これまでは，人事施策の評価軸は,「社内の秩序強化につながるのか」「組織の成果につながるのか」「組織を次世代に繋げていくのに必要か」といった自組織に向けたインパクトが中心であった。しかし今では,「社会に対してどうなのか？」という判断を加えなければならなくなってきている。

つまり，これまでどのように業績向上に繋げるかを考えながら作られてきた会社の色々な仕組みを，社会的責任の観点から見直していくことが求められるようになっているのである。例えば，長時間残業をなくし，社員のストレスチェック等の健康状態の維持向上を図るといったことは，法律があるからやるというのではない。「それをやることによって社会的に真っ当な会社と評価されなければならない」からやるのである。

「法律的にセーフかどうか」と「社会的にセーフかどうか」は，明らかに異なる価値判断である。そして，不祥事は後者に照らして問題とされているのである。すなわち，副社長の「営業部門をいかに強くするか（1円の得にもならない社会的な問題はさておき…）」という判断基準ですべてが決まってしまう意思決定を否定するところまでいかなければ，不祥事を発生させてしまう構図は変わらない。

少なくとも人事施策とその運用に関しては，人事部がリードしていかなければならない。実質的に副社長が主導する経営の意思決定に関して，外部の目をもって社会的な問題の有無があるかどうかを確認し，問題がある場合には，会社としては「NO」であるということを気付かせ，会社としての方向性を間違えないように意思決定のあり方を変えていかなければならないのである。

## ■ 人事労務管理に関するガバナンス強化

ここまで書くと，この課題はコーポレートガバナンスや内部統制の問題であり，人事部長の範囲を超えるのではないかと思われる方もあろう。

確かに，これまでのコーポレートガバナンスは，会計上の不正防止などが中心的なテーマであり，これは人事部の担当業務とはされてこなかった。人事の領域においては，働き方改革やダイバーシティが一種のブームとして展開され，また，労働関係の法規制強化への対応に追われる中にあっても，人事管理がガバナンスの対象として意識されることは少なく，何となく宙ぶらりんになってきた。人事部とその他のリスク管理に関わる組織が，どのように役割分担して人事労務管理のガバナンスに関わるべきかの問題は，曖昧なままにされてきたのである。

しかし，昨今人事労務管理に関するコンプライアンスのリスクが高まってきている中で，会社として人事労務管理のガバナンス体制を構築していくことは管理部門としての極めて重要なテーマになりつつある。

## ■ 組織を変更して牽制機能を強化する

会社の人事施策に関する意思決定に社会的責任の観点を取り入れるとなると，

それを実践できるように人事部の機能を見直す必要がある。これが人事部長のもう１つの課題である。

これまでのＨ社の人事部は，営業部に対する支援機能に重きを置いていた。会社として，営業に資源を集中することによって他社に負けない強みを作っていくこと自体は，戦略的な観点からは間違いではない。また，人事部として必要とされる範囲での管理牽制もやってきている。

ただ，現状の人事部は，同じ組織が営業支援と管理牽制を同時に実行しているところに問題があるのではないか。いわば，ブレーキとアクセルを同時に踏みながら，その丁度良い頃合いを見計おうという体制である。

しかし，社外価値から判断して問題がある行為は業績と相殺できない性質のものである。これを防止するには，ブレーキとアクセルを別系統にして，問題を洗い出し，建設的な議論が行われるような組織にしていく必要がある。そのためには，組織体制を見直し，業務監査機能を独立させなければならないのである。

## 4．Ｈ社はどのように組織改革を進めたのか

### ■　筋書きを描いて動いた人事部長

課題はコーポレートガバナンスに関するものであり，人事部だけの問題では済まない。その中で人事部長はどのように動けばいいのだろうか。

まずは，上司である専務を使うことになる。管理部門担当役員が動かなければ何も始まらない。

しかし，副社長中心で動いている経営の意思決定の流れを変えるということは，簡単なことではない。専務にお願いするだけでは頼りないのも確かである。大きな流れにしていくには，早い段階から社長を巻き込むべきであろう。

また，ガバナンス強化という観点から，他の管理部門の部長も巻き込まなけ

ればならない。特に，押し込み営業の懸念がある中で，審査・法務・経理といった部署も関係してくる。

そこで，H社では，人事部長が中心となって筋書きを作り，専務とともに社長に説明し，基本方針を決定してもらい，管理部門全体を動かしていくという方針を取ったのである。具体的には，人事部長が，H社の人事労務のガバナンスに関する問題点をまとめ，管理部門の他部にも同様の資料を作成してもらった。そして，ガバナンス強化に向けて採りうるオプションを挙げた資料を作成し，社長にどういう方向で行くのかを決断してもらったのである。

事態を放置してきた責任は社長にあるとも言える。不祥事が明るみになって，誰が一番困るかというと社長なのであり，最終的に副社長に「誰が鈴をつけるか？」となると，社長を置いて他はありえないのだ。

### ■　社長に提示した３つのオプション

オプションは，あるべき姿から何が必要かという「理想」と，H社の現状を踏まえた「現実」の両方を考え合わせながら，実際に採り得る３つを提示した。

オプション１は，「現状の枠組みの中でどうしてもやらなければならない取組み」とした。オプション２は，オプション１に加え，「さらにこの程度までの改革は必要」というものである。オプション３は，「社長が本気で根本的な問題を解決したいのならば，ここまでやることになる」という意欲的なオプションとした。

### ①　オプション1：内部監査機能の強化

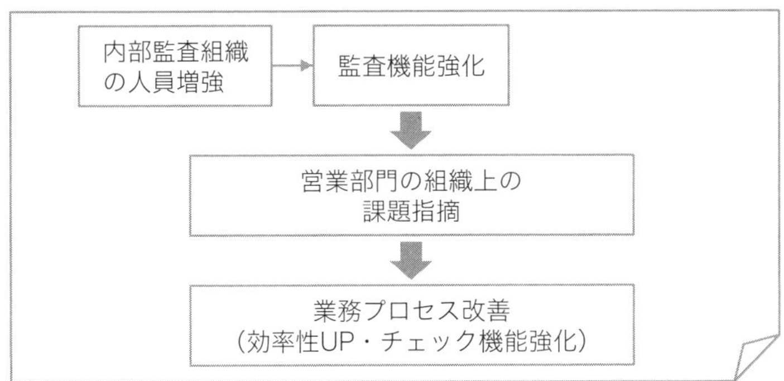


企業が倫理のあり方を管理するには，2つのアプローチがある。1つは，性悪説的な考え方に基づき，監査の網の目を細かくすることによって不正事実を明らかにしていくという方向性である。もう1つは，性善説的な考え方に基づき，大きな原則を示した上で可能な限り権限委譲し，自ずと組織の誠実さが実現されるのを待つという方向性である。

不正が疑われているH社の現状を踏まえると，前者のアプローチが求められる状況であると考えられるため，オプション1は，まずは内部監査機能を強化すべきという提案になった。

### ②　オプション2：コンプライアンス体制の構築

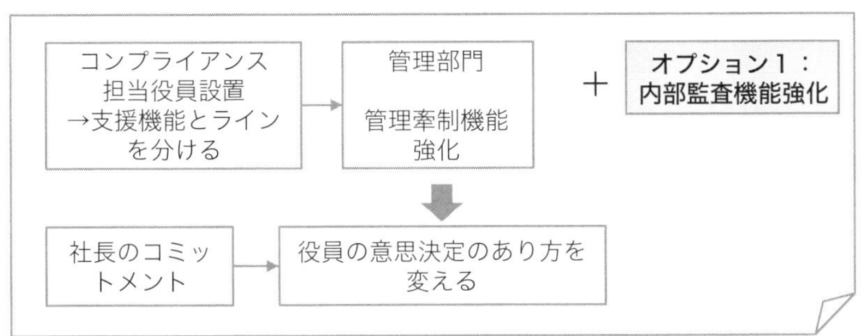


管理部門の機能を分類すると，経営管理・内部監査といった管理牽制機能，経営企画などの戦略立案機能，福利厚生や備品調達などの支援機能，決算処理

や給与計算などの事務処理機能に分けられる。

この中で，オプション１の内部監査機能強化を行いつつ，管理牽制機能を組織的に切り出し，担当役員を据えて，ラインを分けるという組織設計が，２つ目の選択肢である。

現状の組織の建付けから言えば，メインバンク出身の管理部門担当専務の本来の役割は，副社長の行き過ぎをけん制し，会社を健全に運営できるようにバランスを取ることである。しかし，これが十分に機能しているとは言えない状況であるため，ここにメスを入れるのである。

### ③　オプション３：取締役会改革

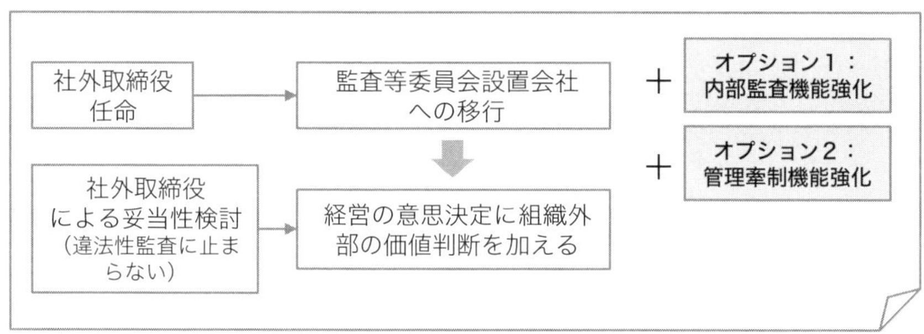


客観的に見るとＨ社は，役員の意思決定プロセスが正常に機能していない状況と言える。この状況を抜本的に改革するためには，取締役会を改革し，監査等委員会設置会社に移行するというオプションが考えられる。

人事部長にとっては，かなり荷が重い解決策ではあるが，社外取締役を任命し，機能していない取締役会を改革することは，ガバナンス強化の切り札である。

ただ，Ｈ社は，コンプライアンス体制を立て直すことからやらなければならない状態であり，社外取締役に適材を招くことができるかも分からない中で，いきなり監査等委員会設置会社に移行するのは，現実的には難しいかもしれない。

## ■　仕上げとしての人事部の組織改革

上記のような組織改革のオプションをトップに提示し，議論した結果，Ｈ社としては，オプション２で行くこととなった。

人事部長は，オプション２にある各種施策に取り組むと同時に，人事部の組織体制の見直しを行った。

人事部内の組織においては，これまで，給与支給に携わる組織（人事厚生課）がルールに沿って支給要件をチェックしており，その中で時間外勤務時間や有給休暇の取得状況などを把握する役割を担ってきた。

しかし，この組織はあくまで事務処理が使命であり，現場のコンプライアンス違反を監督するところまで求めるのは難しい。そこで，人事部からコンプライアンス担当者を任命して，コンプライアンス担当役員の直轄組織に異動させたのである。

ただ，このコンプライアンス担当は，人事部スタッフのローテーションポストとして位置付け，一定期間コンプライアンス担当を経験した後に，人事部に帰任することにした。

▶ 図10－2　H社の人事部組織改革

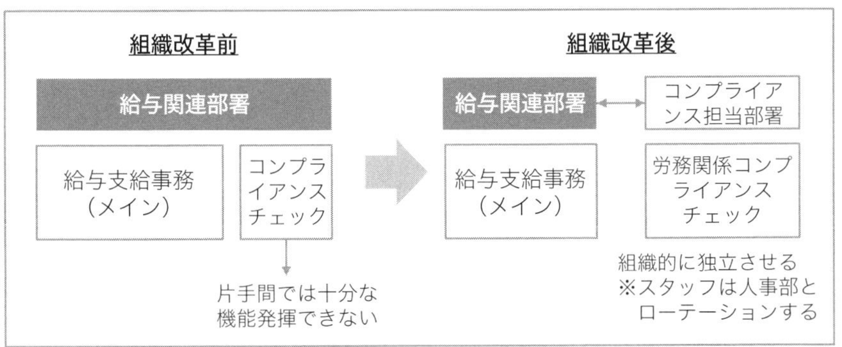


**このようにH社は，不祥事への対応をきっかけとして，人事管理における社会的責任を会社として果たしていけるような体制作りの一歩を踏みだしたのである。**

# 第11章 働き方改革実現に向けたブレークスルーの作りこみ

## ――ミドル・アップ・ダウンをプロデュースする人事部

## 1．働き方改革の次フェーズへの移行を検討するＩ社

Ｉ社人事部長は，今年度までの働き方改革の取り組みを，どのように次フェーズに移行させるか悩んでいた。

### ■ 成功裏に終わった働き方改革第１フェーズ

Ｉ社は情報サービスを全国に展開する大手企業である。業界では強気の営業スタイルで知られている。業績管理も支店別となっており，業績を競い合わせるような方法が採られている。

営業スタッフの残業はかなり多く，かつては月の超過残業が100時間を超えるケースも多かった。

人事部は，従来も長時間残業については上司に指導を行ってきたものの，個別対応では限界があると考えた。そこで，有給休暇取得義務化への対応も含めて，全社的に「働き方改革」として取り組むべきとトップに上申し，了解を得て，取り組みを進めたのが１年前のことである。

ただ，人事部長には，これまでの現場の状況を踏まえると，１年間で本当の意味での働き方を変える段階まで到達するとは思えなかった。そこで，予め，最初の１年は「働き方改革第１フェーズ」と銘打って，最低限の取り組みを進め，実績を積んだ上で第２フェーズに移行していく方針とした。

そこで，第１フェーズの目標はあくまで達成可能な最低限のレベルに止め，結果を出すことにこだわった。その結果，**図11－1**にあるように，目標はほぼ達成することができた。

**図11－1　I社の働き方改革第1フェーズの概要**

働き方改革第1フェーズ

【目標】

月間80時間超過者ゼロ
36協定違反ゼロ
時間外勤務時間の一律20％削減

【実施施策】

早帰りデーの設定
残業申請の徹底
働き方改革推進委員会　本部別の問題部署のヒアリング調査
時間外削減　事例発表会

↓

【結果】

月間80時間超過者→年間4事例
36協定違反ゼロ→達成
時間外勤務時間の一律20％削減→7割の部署が達成

ただ，第1フェーズの途中では，次のような出来事もあった。

取り組みが始まって間もない頃のことであるが，ある支店で，近くの喫茶店で仕事をする「隠れ残業」と言われる行為が蔓延していると，内部通報があった。営業秘密漏洩の危険性もあるため，人事部は深刻な事態と捉えて調査を実施したが，実態はなかなか明らかにならなかった。それだけでなく，自宅に書類を持ち帰り仕事の続きをする「持ち帰り残業」なども行われていると言われていた。

このように，本社から何らかの規制があると，何とかその裏をかいて逃れようとする行動パターンは，Ｉ社においては，これまでしばしば行われていたことであり，これがはじめてというわけではない。

人事部長は，今回の取り組みに対する会社の本気度を示すべく，事務所消灯だけでなく，メールシステムのログ時間のチェック，PC電源の強制終了や出退勤時間の打刻時間と届出のずれに関する確認徹底など，対応できることはすべて行うようにした。

現場の支店長からは，「社員を信頼していないのか」という発言もあったが，人事部長は意に介さずに進めてきたのである。

## ■ 攻めている働き方改革第２フェーズの目標案

これまでの第１フェーズを踏まえて，人事部が考えている第２フェーズの目標案は，残業時間の到達目標案を１ヶ月に25時間とした。ただ，全員についてこの目標を達成しようとすると，顧客対応のあり方を見直さなければならないレベルの話である。具体的には，早帰りを必須とすると，夜の時間帯にかけての取引先からの要望事項に対して，担当者がその晩のうちに答えを返すことができなくなると想定された。

また，有給休暇取得目標については，取得率を75％と設定したが，法律で定められている５日の取得は当然として，これを実現するためには，これまでも取得率が低かった管理職層の意識改革がネックになりそうであった。

▶ 図11－２ Ｉ社働き方改革第２フェーズの目標案

**働き方改革第２フェーズ**

【目標（案）】

月間25時間

有給取得率75％

【実施予定施策】

有給取得計画シート導入

テレワークの導入

## ■ 揉めたステアリングコミッティと人事部長の悩み

働き方改革は全社的に取り組むべきテーマと位置付けられており，第１フェーズでは，定期的に社内の各部署から責任者を集めてステアリングコミッティを開催し，進捗の報告と必要な意思決定を行ってきた。

働き方改革第２フェーズの目標案についても，このステアリングコミッティで討議が行われた。

「第１フェーズでかなりの成果を上げたので，ここはあまり欲張らずに，確実に現状を維持することが大切ではないでしょうか」「これ以上やると，逆に現場がついて来られないように思う」と，ベテランの支店長から人事部長の案に対して，次々に慎重な意見が出された。他の出席者は沈黙を保ったままであった。

人事部長は，目標案に対する支店長のこうした後ろ向きなコメントは予想していたところであった。彼らは，第１フェーズの段階でさえ，かなり反発を受けつつ取り組みを進めてきている。この上，第２フェーズの目標案を達成しようとすると，現在のやり方では到底届かないことから，部下の管理職からの猛反対にあうことが確実だからである。

これに続く議論は**図11－３**の通りであった。

社長の懐刀と言われる経営企画部長の発言により，議論の方向性は定まった。

会議に出席していた社長は，特に何も発言しなかったが，経営企画部長の意見と同じと考えてよいだろうと思われた。人事部長は，この決定にとりあえずは安心したものの，具体的にどう進めていくのか，これから先を考えると，気が重かった。

▶ 図11－3 ステアリングコミッティ議事録（抜粋）

人事部長：第1フェーズは当たり前のことをやっただけで，「改革」の名には値しない。これからが本番と考えていただきたい。
社員のアンケート結果を見ても，まだ「働き方」というか，「働かせ方」に関する見直しの余地はたくさんあると見ている。

支 店 長：人事部は，実態を分かっていない。社員のアンケートといっても責任のない立場であれば何とでも書ける。この改革で考えてほしいのは，顧客のことである。顧客を置いてきぼりにした議論になっているのではないか。
現場では，仕事があるのに帰らなければならないため，スタッフにはストレスが相当溜まっている状況である。人手を増やすとコストが掛かるし…。
現場としては利益を落とさないように頑張るが，これでは先が見えないというのが現状である。正直なところ，こんな状況にもかかわらず，さらにもう一段進めようというのは，ちょっと難しい。

人事部長：しかし，難しいからやらないと言っていたら，永遠に始まらない。抜本的な生産性の向上を考えていかないと。やり方については，一緒に考えましょう。

支 店 長：これだけでなく，今後の問題として気になっているのは，人材育成の問題である。先輩が部下にじっくりと教えるだけの余裕がなくなってきているように思う。慣れなくて時間が掛かる作業は，時間外勤務になってしまうので，先輩が代わりにやってしまうようになっている。
このままでは，若手が育たないのではないか。

人事部長：それも生産性向上のレベルの問題ではないか。

経営企画部長：無理をして利益を維持しようとしても，持続性がなければ結局はダメでしょう。働き方において無理を続けていても，若い社員に希望を与えないという意味では持続的ではないと思う。生産性の向上ができないのであれば，このビジネスのやり方自体が持続的ではないということになってくるんじゃないでしょうか。
その意味では，生産性を抜本的に向上させることができるか，やってみるしかないんじゃないですか。

## 2．働き方改革をめぐるＩ社の問題構造

### ■ 働き方改革に取り組む関係者に求められる覚悟

Ｉ社の働き方第１フェーズのように，「本来やるべきなのにやっていなかった労働時間管理をやる」という取り組みと，第２フェーズのように，「もう一歩踏み込んで，抜本的に仕事のやり方を変えて，生産性を向上させる」という取り組みは，質的に異なるものである。

前者の段階では，どうやればルールを守れるのかに集中していればよかった。しかし，後者は，もう一段の生産性の向上に向けて，いままでの慣行や価値観を否定することが求められる。組織における「当たり前」を変えていくに当たっては，反発も想定されるため，改革に携わる者には覚悟が求められるのである。

その意味では，事例のように，第２フェーズに入る段階でしっかり議論すること自体は大切である。何となくスタートさせてしまうと，結果として，社内の足並みがそろわずに改革が頓挫したり，見えない所に裏のルールが出来上がるということになりかねないためである。

### ■ A or BからA and Bへの思考パターンの転換

第２フェーズの改革の難しさは，従来の思考パターンを変えて，ブレークスルーを生み出さなければならないところにある。

Ｉ社のような会社においては，「こうすべきである」と人事部が声高に唱えたとしても，現場では，「とか言っても，それは建前だから…」と後ろを向いて舌を出す行動パターンが多くみられる。これは，労働時間管理に限ったことではない。このような組織には，「利益か規則か」という，この２つを対立軸で考える思考パターンが浸透している。「働き方を変えることは，利益を落とすことである」という前提に立った，ステアリングコミッティにおける支店長

の発言がその典型である。

しかし，企業の社会的責任をシビアに問い始めてきている，近時の社会の大きな流れの中で，企業に迫られているのは，「利益かコンプライアンスか（A or B)」という思考パターンを超えて，「利益もコンプライアンスも（A and B)」という弁証法的な思考パターンを身につけることなのである。すなわち，働き方改革をやると利益が損なわれるという発想を捨て，働き方改革は利益の前提であるという考え方を前提とした上で，これまでの様々な制約を一度ゼロにして，新たな仕事の進め方についてのブレークスルーを生み出すことが求められているのだ。

第１フェーズの具体的な進め方は，各部門に働き方改革推進プロジェクトチームを組成して，「早帰りのための良いアイデアを出してください」というお題を示し，定期的にステアリングコミッティを開催し，進捗を確認するという方法であった。このやり方で結果は上々であったのは良かったが，ちょっと頭をひねれば出てくるようなレベルのアイデアは，この段階でおおよそ出尽くしてしまったと考えられる。

これに対して，第２フェーズにおいては，これまで制約条件と思われてきたものを，何とか乗り越えられないかを徹底的に考え抜いて，ブレークスルーを生み出すことが求められる。恐らく，「誰でもいいから考えてください」というアイデアコンテストでは，結果を出すのは難しい。まずは考えられる人をしっかり選ばなければならないのである。

しかも，生産性向上に向けたブレークスルーは，現場からしか生まれてこない。残念ながら，人事部スタッフだけで考えても何も出てこないのである。前例主義や忖度で一杯のホワイトカラーの現場から，それを乗り越えることができるメンバーを選んでいくしかないのだ。

### ■　人事部長を起点にしたミドル・アップ・ダウン

かつて日本企業の製造力に競争優位性をもたらしたのは，「現場」であった。

コストと品質の二律背反的な要素を両立させ，さらに上のレベルへと引き上げる，いわば弁証法的な解決に導いたのは，「ミドル・アップ・ダウン」であったとされる。『流れを経営する』（野中他［2010］）によると，ミドル・アップ・ダウンとは「ミドルがトップに向かって目標を確認し，ビジョンや駆動目標をブレイクダウンして具体的な言語または行動指針とし，場を設定して対話と実践に結びつける」プロセスである。

I社に求められているのも，ホワイトカラーの職場における，まさにミドル・アップ・ダウンによる現場力の発揮なのではないだろうか。

野中他は，ミドル・アップ・ダウンによって弁証法的な解決を実現していくには，「場を設定して対話と実践に結びつける」ための「場のマネジメント」が求められるとしている。

人事部長がやらなければならないのは，まさに，働き方改革に向けて生産性を抜本的に向上させるための施策を生みだすために適切な「場」を作ることと言える。

前掲書によると，「場の促進要因」には次の4つがあるとされる。

**図11－4　「場」の促進要因**

1．場は独自の意図，目的。方向性，使命などを持った自己組織化された場所でなければならない。
2．参加するメンバーの間に目的や文脈，感情や価値観を共有しているという感覚が生成されている必要がある。
3．場には異質の知を持つ参加者が必要である。
4．場には浸透性のある境界が必要である。
5．場には参加者のコミットメントが必要である。

出所：野中他『流れを経営する』［2010］p.67～73を基に筆者作成。

人事部長には，これらの要因を勘案しながら「場」としてのプロジェクトチームを設置し，ブレークスルーを生み出していくようにしていくことが求められることになる。

優秀な社員を何人か集めてプロジェクトチームを組成して，任せておけば，何か素晴らしいアイデアが生まれてくる，といった単純な話ではない。ミドル・アップ・ダウンを実践するには，ミドルのかなり細かい段取りと気配りが必要になるのである。

以下で，Ｉ社人事部長がどのように働き方改革第２フェーズを進めていったのか，具体的に見ていくこととしたい。

## ３．Ｉ社の働き方改革第２フェーズの立ち上げ

### ■　現実的な「トップの巻き込み」の方法とは

第２フェーズでは，世間に対して体裁を整える程度の取り組みではなく，どこまで本当の意味での改革を実現できるかが求められる。このことから，トップのコミットメントのレベル感も格段に高くならざるをえない。

こういった際に，トップが強力なリーダーシップを発揮しようと盛り上がり，「何が何でも働き方改革をやり切るんだ」という機運を盛り上げてくれれば，それに越したことはない。しかし，そんなに虫のいい話は，簡単には転がっていない。通常の場合，トップがどこまでコミットしてくれるかは，未知数である。仮に，トップ，あるいは側近の経営企画部長にいきなり相談しても，具体性を持たない精神論は相手にされない可能性が高い。

現実的には，ミドルである人事部長が，改革のイメージを作った上で，トップの了解を求め，さらにトップがリーダーシップを発揮する場を設けていくという展開が求められる。

### ■　段取り勝負のミドル・アップ・ダウン

Ｉ社の人事部長が，実際にどのように第２フェーズの検討を進めていったか

をまとめたものが**図11－5**である。

**▶ 図11－5　第2フェーズの立ち上げ**

Step 1：人事部長による初期仮説導出

Step 2：初期仮説の確からしさ確認

Step 3：トップの巻き込み

Step 4：シンボリックな事例作り

↓

プロジェクトの全社展開

### Step 1　人事部長による初期仮説導出―「やめる」をヒントに

何もなければ話は始まらない。まずは，生産性の向上に向けた取り組み方針を初期仮説として，人事部長が立ててみた。それは，「何かをやめること」が高い効果を上げられるのではないかというアイデアである。

「本当に，ここまでの資料が必要なのだろうか？」と疑問に思いつつも，上司の指示に沿って，きれいで正確な資料を，膨大な時間を掛けて作っているスタッフは多いに違いない。そして，最初は疑問に思っていても，それをこなすことに慣れてしまうと，疑問に思うこともなくなってしまう。そして，そのようにして出来上がった，膨大にして精緻な資料は，得てして誰も使わないで済んでしまったりするのである。

これまで必要とされてきたことを「やめる」という判断は，組織の下の階層の人には無理である。しかし，トップが一言でも「そこまでの資料はいらない」と示せば，かなりの業務が不要になる可能性を秘めている。

このように，人事部長は，これまでの前提条件とされていたものやタブー視されていたものを疑うことが，現場のブレークスルーを生み出すきっかけとなりうると考えたのである。

### Step 2　初期仮説の確からしさ確認

この仮説を立てた人事部長は，パイロットケースとして，ある部署において，何かをやめてみることによって大きな効果が出ることが立証できれば，それをきっかけにした大きな流れを作ることが出来るに違いないと考えた。

ただ，この段階では，「やめる」というコンセプトは，人事部長の個人的な思い付きに過ぎない。これが本当に筋のいい発想なのか，ここから先に進めていいアイデアなのか，確認が必要であった。そこで，気心の知れた支店の部長クラス数名に集まってもらい，人事部長の初期仮説に関するブレーンストーミングを行った。

結論としては，「これしかないだろう」ということになり，参加したメンバーに粗い試算を依頼した。これは，次のステップへのネタを仕込むためであった。

### Step 3　トップの巻き込み

人事部長の作戦は，早目にトップを巻き込もうということであった。役員や支店長をこの段階で説得するよりは，社長のお墨付きを早めに獲得した方が，物事がスムーズに運ぶと考えたからである。

まずは，Step 2のブレーンストーミング参加メンバーに自分の支店における営業会議の資料をサンプルに，どんな資料がどのくらいの手間で作られており，簡素化した場合の削減効果はどうなるか試算をしてもらった。

そして，その結果を持って経営企画部長にアイデアを説明した上で，社長への取次ぎを依頼し，説明の機会をもらったのである。

トップには，普段「やれ」と指示している上司が，「やめる」と決断することがどれだけの効果があるのかを丁寧に説明した。上司が率先垂範して，「ここまでは要らないのではないか」というものを探すことが，働き方改革第2フェーズの生産性向上の柱の一つになり得ることを説明した。

そして，次のステップへの支援について，社長から了解をもらうことに成功したのである。

### Step 4　シンボリックな事例作り―社内意思決定プロセスの見直し

トップの了解を得た人事部長は，働き方改革第２フェーズの試行的な取り組みの第一弾として，トップが主導する「社内意思決定プロセス見直し運動」として，全社予算・進捗会議を対象に，資料の簡素化と電子化の可能性を探る活動を実施することにした。

予算管理は経営企画部の所管であるが，各部における予算策定作業や実績管理まで含めると，幅広い組織にわたっており，積み上げると膨大な事務量になる。そこで，経営企画部長と相談し，経営企画部の課長をリーダーとして，関係部署の責任者から簡素化のアイデアと削減効果を取りまとめてもらった。取りまとめに際しては，最もインパクトのある見直し策を見せ，これまでの慣行や上司への忖度をすべて否定するところから発想してもらった。

トップ自身が，会議で使わない書類をなくすことと，電子化を前提とすることを最初に示したこともあり，多くのアイデアが上がってきた。それらを合わせるとかなりの効果が期待できることが分かった。

この事例は，トップの本気度を示すだけでなく，トップが言ってこその効果というのが，いかに大きいかを，各部門に知らせることにもなった。

## ４．Ｉ社の働き方改革第２フェーズのさらなる展開

### ■　さらなる取り組みにつなげていく

「社内意思決定プロセス見直し運動」が効果的であることに気をよくした社長は，機会あるごとに，トップのリーダーシップによる働き方改革という発言を始めた。

だが，人事部長は，この運動だけで終わらせるつもりはなかった。というのも，社内意思決定プロセスの見直しは，社内には工夫の余地がまだまだあることを示したものの，本質的には第１フェーズでやるべきことであり，顧客満足

や利益が一旦下がるといった，身を削ってでも働き方改革をやり切るというレベルまで踏み込んでいなかったからである。

また，この運動は，内勤スタッフの仕事には大きな影響を与えるものの，支店の営業スタッフにそれほど大きな影響はないと見込まれた。すなわち，この取り組みだけでは，第２フェーズの目標に到達するのは困難なのである。

そこで，人事部長は，ここまで検討してきた「社内意思決定プロセスの見直し」に加え，新たに「顧客向けサービスの見直し」についても，改革を進めることとした。

現場での時間外勤務の発生原因として，顧客からの問い合わせの時間が読めないことが大きく影響していることは周知の事実であったが，この部分は当社のサービスの重要な部分であると考えられ，まったくメスが入っていない領域であったのである。

顧客が当社に問い合わせる際の事情は実際のところはどうなっているのか。当社が顧客満足を得るための条件はどう考えられているのか，そこには過去から何となく引き継いできただけで，根拠の薄い思い込みがあるのではないか…

このように，今までの常識を疑うことから始めるべきとしたのである。

このテーマについても，「社内意思決定プロセス見直し運動」のStep２と同じく，旧知のメンバーでブレーンストーミングを行い，仮説の確からしさを検証した。その上で，前回と同様に社長にアイデアを話し，今後の展開について了解を得て，ステアリングコミッティにて取り組みを宣言してもらい，営業部門が本気で取り組まなければならないような流れを作ることに成功した。

## ■　顧客向けサービス見直し検討チームの組成

最初の「社内意思決定プロセスの見直し」は，上位者が「やめる」ということきっかけにした事務工数削減という汎用的なテーマであり，全社展開には適していた。

一方で，追加テーマについては，営業に特化したテーマであり，かつ，大胆に切り込まないと本質的な解は出せないと，人事部長は考えた。そこで，少数精鋭でブレークスルーを生み出せるチームを作り，そこで突破口となりそうなアイデアを出し，トップにぶつけるという流れで，着実に結果を出していく方針とした。

そこで，検討チームを立ち上げることにしたのであるが，人事部長が最も気を使ったのは，どのようなメンバーを招集するかである。メンバーの選定がこの取り組みの成否を決めると考えたのである。

まず，チームリーダーには，時に歯に衣着せぬものの言い方をするが，正論を言うことから評価されている部長を任命した。社内では，次の次の世代の中心メンバーの一人と考えられている者である。

同じようなエース人材も候補者だったのであるが，どちらかと言えば手堅い印象であり，トップや各部門の役員とやりあうイメージが持てないので，外したのである。

次に，やや斜に構えているものの，鋭い考察ができる課長クラスのメンバーを，中核的なチームメンバーとしてアサインした。

さらに，バランス感覚に優れ，現場でも多くの部下に慕われているタイプの課長を加え，期間内にちゃんと結論を出すようにチームを取りまとめる役割を期待した。また，営業経理を担当する事務職女性も，組合交渉などで新鮮な角度からの意見を述べていたことを知っており，面白いアイデアが生まれる可能性を期待してメンバーに加えた。

人事部長は，今回の「顧客向けサービスの見直し」プロジェクトは，よく人材を見極めた上でのチーム編成なので，必ず何かブレークスルーを生み出してくれると確信を持っていた。そして，部長自ら検討チームのキックオフから，メンバー兼事務局リーダーとしてチームリーダーと議論の方向性を確認しながら，ブレークスルーと言えるような成果を生み出せるようにチームを支えていったのである。

**このように，Ｉ社は，働き方改革を実のあるものとするために，人事部長が**

中心となって，現場の生産性向上に向けたブレークスルーを生みだすような「場」を作り込んでいったのである。

第Ⅲ部のまとめ

# 第12章 人事機能をめぐる日本企業の課題と解決方法

## 1. 人事機能に迫られる変化

第Ⅲ部は，会社における人事機能，取り分け人事部の果たすべき役割に関する事例を取り上げてきた。第９章のＧ社から第11章のＩ社までのいずれの事例も，人事部が従来担ってきた人事機能を何らかの形で高度化しようという取り組みを取り上げた。

本章では，まず人事機能とは何かを押さえた上で，日本企業において人事部と現場がどのように人事機能を担ってきたのかを振り返る。その上で，第Ⅰ部，第Ⅱ部と見てきたように人材フレームや人材マネジメントに変化が求められている状況において，日本企業の人事機能がどのように変わっていくべきなのかを明らかにしていきたい。

### ■ そもそも人事機能とは

デイビッド・ウルリッチは『MBAの人材戦略』［1997］において，人材経営専門職の役割が変わりつつあることを指摘し，これからの役割として「戦略パートナー」「管理のエキスパート」「従業員チャンピオン」「変革推進者」の４つを示している。

この本が出版されてから相当の年月が経過し，人事の勉強をした人なら常識とも言えるコンセプトとなっている。しかし，日本企業における人事の現場の感覚からは古いという印象は受けない。むしろ，出版当時は，欧米の人事部にとってのテーマであったのが，20年かけてやっと日本の企業一般のテーマになってきたという印象である。

**図12－1　ウルリッチによる人事の「4つの役割」**

**人材経営専門職に求められている転換**

- 日常の運営から戦略的思考へ
- 量の重視から質の重視へ
- 監督の立場からパートナーの立場へ
- 短期的視点から長期的視点へ
- 管理の立場からコンサルタントの立場へ
- 機能重視からビジネス重視へ
- 目を向ける方向は社内から社外と顧客へ
- 後追いから先取り的思考へ
- 活動重視から解決重視へ

**人材経営専門職の役割と達成成果**

- **戦略パートナー　⇒　戦略の実現**
  ビジネス上の目標を達成しうる組織をライン管理職と協力して作り上げ，運用していく。
- **管理のエキスパート　⇒　管理の効率性向上**
  ビジネスプロセスのリエンジニアリングにおいて貢献する。あるいは，管理のエキスパートとしての能力を人材経営プロセスに向けて発揮する。
- **従業員チャンピオン　⇒　従業員からの貢献の促進**
  従業員からの貢献を高いレベルに保つために，従業員との信頼関係を築き，ライン管理職と協力して企業と従業員の良好な関係を築く。
- **変革推進者　⇒　変革とトランスフォーメーションの推進**
  変革を成功に導く際にぶつかるチャレンジを解明し，それを克服するためのプランを作り，変革をリードする。

出所：デイビッド・ウルリッチ『MBAの人材戦略』［1997］第2章を基に著者作成。

というのも，日本企業においては，以下に述べるように，長年にわたる日本的経営の影響もあり，掛け声はあるものの，実態としては中身の伴った人事機能の高度化は行われないまま来てしまった。世の中の流れもあり，やっと人事機能の高度化の議論ができる状況が整ってきたと思われるのである。

## ■　日本企業の伝統的な人事機能とは

ウルリッチが挙げた４つの役割は，経営管理における人的資源を扱う人事機能とはどうあるべきかという考察から生まれているものと言え，米国の企業だけに当てはまるものではなく，どの国の企業の人事部にも当てはまるユニバー

**伝統的な日本企業人事部の特徴**

- 組織志向的な慣行を背景にした人事部の規模と権力の大きさ
  終身雇用，企業別組合の存在，年功等社内要因を重視する給与制度，社員の教育，レクリエーション，福利厚生といった施策の本社集権的な管理が背景にある。
- 本社人事部に人事業務を集中させる組織構造
  強固な企業文化，熱心な社員教育，標準化された労働条件，管理職を社内のさまざまな部署に配置転換するといった「ソフト」な統制を通して，企業の統合を図ってきた。
- 経営トップ選抜における影の実力者としての人事部
  遅い抜擢という仕組みの中で，組織にとって最も有能な社員が誰かを確認するための中立的な立場に立っている存在として一目置かれるだけの権力を有していた。
- 企業別組合との関係をつかさどる役割としての人事部
  正常な労使関係は企業の健全性にとってきわめて重要であるという考え方の下で，経営と組合との間に立ち，利害を取り持つ役割を果たしていた。
- 役員に就くために有利なキャリアとしての人事部
  人事部は役員輩出ポジションであると一般には捉えられていた。
- コーポレートガバナンスにおいて重要な役割を果たす人事部
  役員あるいは幹部社員として，企業を統治するのに最良の人物を抜擢する機能を果たしていた。

出所：S.M.ジャコービィ『日本の人事部・アメリカの人事部』［2005］第２章を基に著者作成。

サルな考え方である。

この人事機能に関するフレームワークを使って日本企業の人事機能に関する課題を抽出していくことにしていきたい。その前に日本企業の人事部の独自の事情を押さえておく必要がある。ここでは，S.M.ジャコービィが『日本の人事部・アメリカの人事部』［2005年］において書いた伝統的な（1980年代までの）日本企業の人事部の特徴を紹介しておきたい。

ジャコービィは，日本企業の人事部には，1990年代以降に変化を求める圧力が徐々に高まり，欧米の手法も取り入れつつ，ゆっくりと変化を見せてきたとしている。しかし，その変化は，あくまで組織の「深部での構造」を変えるものではなく，変化する環境に適応しただけであると指摘しているのである。

## ■　日本企業の人事機能における得意分野と不得意分野

これらの伝統的な日本企業人事部の特徴を，ウルリッチの示した4つの役割にあてはめ，変化への対応状況を推測すると，個社による差はあるとは思うものの，次のようにまとめることができるのではないだろうか。

### ①「戦略パートナー」としての日本企業人事部

伝統的人事部は，事業に関してはあえて直接口を出さず，一歩引いたところから人材の選抜において，候補者の資質についての意見を出すことにより組織における一定の存在感を保ってきた。「戦略パートナー」になるというのは，事業部と同じ土俵に立つような所に自らの立ち位置を変えることでもあり，かなりハードルが高い。

### ②「管理のエキスパート」としての日本企業人事部

もともと，人事施策を集中的に展開し，人事情報を一元管理し，給与支給も含めて関連事務を集中的に行ってきた伝統的人事部にとって「管理のエキスパート」は，まさに得意分野である。業務の効率向上を含めて，継続的に取り組んできたと言える。

### ③ 「従業員チャンピオン」としての日本企業人事部

従業員と会社の関係性においては，伝統的人事部は，組合と密接な関係を作り上げながら落し所を模索してきた経緯があり，これも得意分野であると言える。

### ④ 「変革推進者」としての日本企業人事部

伝統的人事部は保守本流として位置付けられ，社内の風を読みながら，自ら改革を掲げて矢面に立つことは巧妙に避けつつ，変化にうまく対応してきた。こういった行動パターンから考えると，格好いい旗を掲げるだけならばともかく，これまでの行動様式を否定し組織文化を変えていくレベルの変革をリードする役割を担うのは難しい。

このように見てくると，人材フレームの見直しや人材マネジメントの高度化が求められる流れの中では，人事部は「戦略パートナー」「変革推進者」の2つの役割について，機能強化できるかが問われることになる可能性が高いのである。

伝統的な日本企業において，日本的経営の象徴的な存在として，保守本流の位置を占めていた人事部は，良くも悪くも，日本的経営の長所と短所を同時に体現している存在でもあった。逆に言えば，日本企業が変われるかどうかということは，現場を巻き込みながら人事部が変われるかどうかで確認することができるのである。

具体的な状況について，事例を振り返りながら見ていきたい。

## ■ 第Ⅲ部事例の振り返り

G社人事部は，人事部が主催してきた研修の限界が明らかになり，「戦略パートナー」としての役割を果たすべく，人事部だけで解決しようとするのではなく，社内の有識者を巻き込みながら新たな研修のあり方を模索していた。

I社人事部は，「従業員チャンピオン」という機能の下で，働き方改革をさらに推し進めるには，単なる事務局的な役割では限界があり，「変革推進者」として現場を巻き込みながらムーブメントを作り上げることを始めた。

H社についてはやや状況が複雑である。会社が営業を先頭に伸びてきた中で，「管理のエキスパート」から一歩進んで「戦略パートナー」として機能していたものの，その中で不祥事につながりかねない問題が生じてしまった。そして，改めて「管理のエキスパート」としての機能を強め，組織文化に根差す問題を解決するべく「変革推進者」としても振る舞う必要がでてきたのである。

いずれも，発生した問題の解決にはそれまでの人事部の守備範囲では解決できないことが明らかになり，その後自らの枠組みにこだわることなく解決に取り組んだことが，結果的に人事機能の強化になっている事例ということができる。

## 2．人事部の機能強化の方向性

### ■　人材の問題しか取り扱わない人事部の弱さ

言うまでもなく人材は重要な経営資源であり，「人材の問題は大切だ」ということは，社内でも色々な立場の役員・社員が口にすることである。

だからといって，その人たちが人材の問題の解決をすべて人事部に期待している訳ではない。人事部以外からしてみれば，人材の問題は自組織の経営資源の問題である。人事部が解決してくれるとは思っていない。そして，各組織は組織のメンバーに対して何らかの対応を行うのであるが，その問題解決のアプローチが正しいのか，会社全体の人材マネジメントの動きに沿ったものなのかは分からないまま取り組んでいる状態も多いのである。

一方で，人材の問題といっても，戦略や組織文化など，「管理のエキスパート」と「従業員チャンピオン」の機能に特化してきた人事部にとっては，対応が難しい要素が絡む問題は多い。敢えて自分の領域外の問題には対応してこなかったことによって，事業に関する知見も不足していることも多い。

こうなると，仮に何らかの人材の問題があったとしても，現場も人事部もうまく対応できていない場合は意外に多いのである。一方で，事例で取り上げた働き方改革や特定部門の聖域化といった問題にとどまらず，グローバル対応の強化や研究開発力強化，製造現場の現場力再生など，ヒトが絡む重要な経営課題は社内に山積している。

そういう中で，人事部が問われるのは，組織としてこれまでやってきたことにとどまるのか，従来の枠を超えて社内の人材の問題を積極的に拾い上げて解決することにチャレンジするかであり，組織としての岐路に立っているのである。

官僚的な立ち位置を取り，政策を決定するだけで，あとは現場に任せて何もしないというのは楽だが，その場合は，これまでと変わらず，恐らく問題は解決しないままとなる。だからと言って，踏み込んでみても，出来ることだけをして後は放り投げるという中途半端な関わりも混乱を招く。研修を人事部だけで企画することの限界や，働き方改革における現場との距離感などは，事例で見てきたことである。

そうなると，人事部が会社の人材の課題解決に取り組む際に，他の機能と積極的に連携していくことが求められるということになる。そして，それが「戦略パートナー」「変革推進者」としての機能を強化していくための道筋なのである。

## ■　他の機能との連携による機能拡張の可能性

そもそも，人材の問題はそれだけで完結するものではないことが多い。人材は，その他の経営資源と合わせて経営のあり方を大きく変える可能性を秘めている。人事部も，他の機能と連動して機能を拡張することにより，これまでの人事部の枠組みを超え「戦略パートナー」あるいは「変革推進者」として，人材の問題を中心とした経営課題について総合的に解決することが期待されるのである。

▶ 図12－2　組織文化を捉える3段階モデル

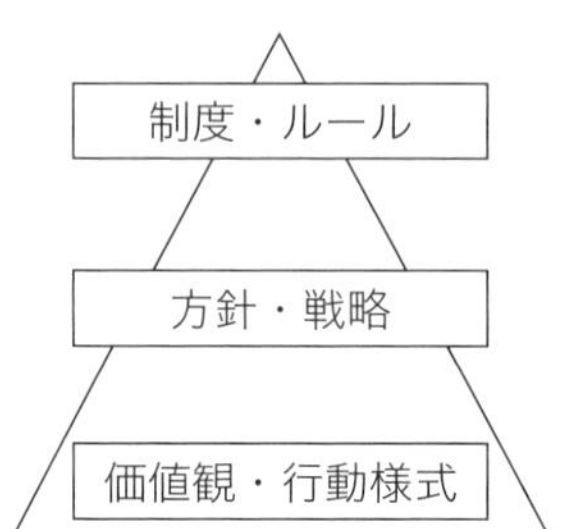


では，人事機能と他機能との連携について，再び第4章，第8章に用いた組織文化の3層モデルを使って，目的と方法の組み立て方を示していきたい。

## ■　制度・ルールにおける他機能との連携のあり方

グローバル化など社会環境の変化の中で，人材フレームの見直し・人材マネジメントの高度化などが求められているが，これらの問題は複合的であり，人材だけに限定されるものではない。そのため，人事部は他の部署等と制度や施策を連携させることにより，結果を出していくことが必要になる。

具体的な制度の連携は大きく2つある。人事施策を部門や事業本部レベルに落とし込むという「タテの連携」と，施策の対象を人材以外にも広げて網羅性を持たせる「ヨコの連携」である（**図12－3**参照）。

前者の「タテの連携」は，全社向けの人事部の施策と部門の人事施策を一貫した施策として組み立てるものであり，社員に対して全体から部分へと連続性のある施策が適用されることになり，高い効果が期待されるのである。

後者の「ヨコの連携」は，人事部の施策があくまで人材を対象としたものであるのに対して，教育や評価のあり方，リスクマネジメントなどを人材以外も含めて総合的に対応することにより有効性を高めていくものである。

## ■　人材戦略と他の戦略の連携に向けた人事部の仕掛け

人事施策を他の仕組みと連携させることにより高い効果を実際に上げていく

▶ 図12－3　人事制度と他の制度との連携によるダイナミズム

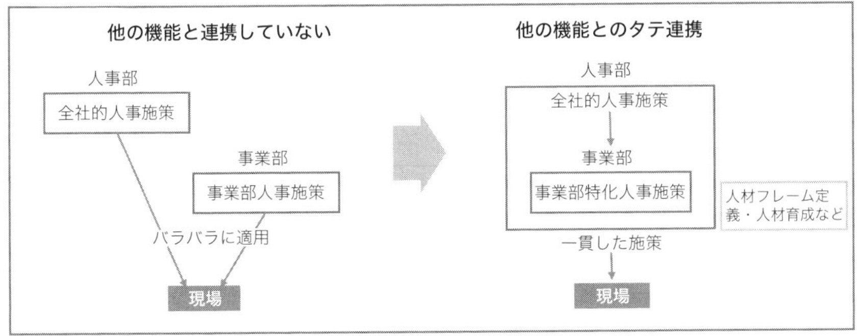


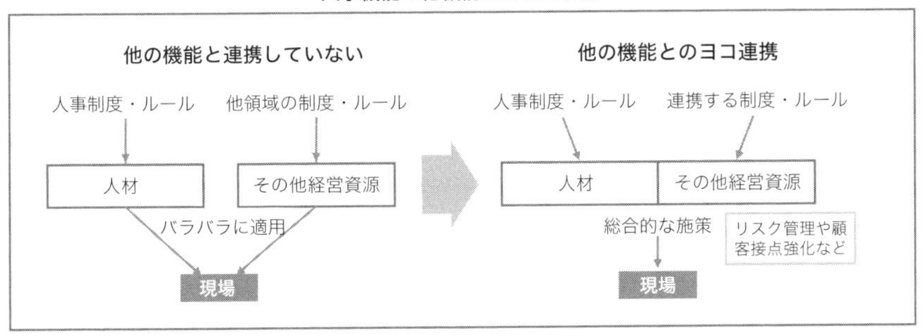


ためには，単に担当者が実施に当たって連絡を取り合うだけでは十分ではない。制度レベルでの連携を効果的に行うには，全体の目的に向けて複数の制度間の連携をどのように行うのかという方針と，それに向けた組織間の役割分担が明確にされている必要がある。

そもそも，人材を対象とした施策は人事部だけが考えている訳ではない。他の管理部門が間接的に人に関わるリスクを管理したり，部門や事業部がより具体的な形でスタッフの異動や育成を考えていたりする。

そういった状況において，上述の「タテの連携」においては，人事部と部門や事業部における人事機能との役割分担を考えなければならない。

特に，問題となるのが，全社として権限移譲を進めてスピード感を出していこうという方針があるのにもかかわらず，現場に近い部門や事業部の人材育成・活用が十分に機能していない場合である。

こういった場合には，人事部が介入してテコ入れしなければならないが，やりすぎると現場が人事部に依存する関係が出来てしまう。そこで，人事部は，支援しながらも，最終的には現場が主体的に人材管理ができるような体制作りを目指しながら支援を行うことが求められるのである。I社の事例において，人事部長が現場発の創意工夫による生産性向上の取り組みにこだわったのは，この考え方があったからである。

▶ **図12－4　「タテの連携」における人事部の留意点**

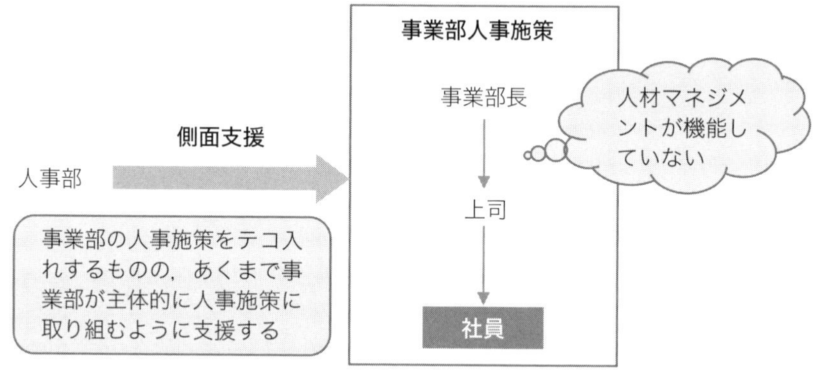


次に，「ヨコの連携」においては，人事部と他の機能が連携して現場の状況を把握して，リスク管理など統合的な施策を展開していくことが期待されるが，現場にブラックボックスが発生しないようなモニタリングの体制を作る一方で，それが管理過剰になり，現場の自律性や柔軟性を否定することにつながらないようにする配慮が必要である（図12－5）。

H社の事例においては，人事部は，他機能との連携による監査機能の強化によって，聖域化していた営業本部を中心に本社が状況を把握できるような体制が重要としていたが，一方で，営業部の強みはしっかり残していかないと，そ

▶ 図12－5 「ヨコの連携」における人事部の留意点

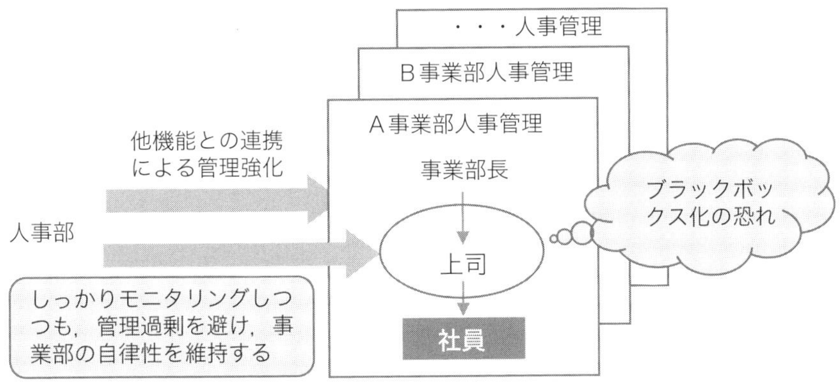


もそもの収益力が維持できないということになりかねないのである。

いずれも，タテヨコのバランスをいかに維持しながら，組織全体としての機能を向上させるかが問われることになる。真の「戦略パートナー」になるためには，これらの取り組みのように，組織全体の動きを見極めながら，適切な手を打てるかどうかが，問われるのである。

## ■ 日本的経営の悪い部分を否定するための機能連携

人材フレームの見直し・人材マネジメントの高度化などが求められている中では，その背景にある日本企業の組織文化の悪い部分を否定する必要性がでてきている。例えば，言わずもがなのコミュニケーション，責任・権限のあいまいさ，内向きの集団主義などである。

この組織文化に問題があるとするならば，その文化を定着させてきたのは保守本流としての伝統的人事部であるとも言える。ジャコービィが言及していたように，伝統的日本企業の幹部人材の選抜においては，実績を上げたかどうかに加えて，ポジションに相応しい資質などが重視されていた。そういった人物評価は人事部の得意とするところであり，それが人事部の隠然たる権力の源泉であったのだ。

世の中の流れが変わったからと言って，部分的であれ日本的経営のコアの部分を否定するのは簡単な話ではない。例えば，ダイバーシティや働き方改革などについて，世の中の平均的なレベルまで改革を進めること自体は問題ないが，それを超えようとすると大きな抵抗が生じる。人事部にとっては，世の中の流れだからといって「意識改革が必要」と改革の旗を掲げることまではそれほど難しいことではない。しかし，あくまで改革を実行するのは現場である。人事部が現場から離れたところから号令をかけても，現場の「当たり前」を変えるレベルまで変革を進めるのは難しいのが現実であろう。

ウルリッチは「変革推進者」という役割を人事部に期待しているのであるが，実際に日本企業の人事部が単独でこの役割を全うできるかというと，難しいと言わざるを得ないのである。「戦略パートナー」と同様に，他機能と連携して変革を進めることが求められるのである。

では，どのような機能と連携すれば「変革推進者」としての機能を発揮できるのか。

ここで求められるのは，行動様式や価値観から変えていくための実際の行動を主導できるリーダーを探し，巻き込んで改革をやり切る体制を整えることである。

経営幹部にも色々なタイプがある。成果を上げることには集中するが，組織や人事のことには無関心な幹部，きれいごとは言うが，厳しい事態になると，急に守りに入ってしまう幹部など色々である。人事部がやらなければならないのは，社長を含めた経営幹部の中から人物とそのポジションを見極めてアプローチし，改革をリードしてもらうスポークスマンとしての役割を果たしてもらうように働きかけるのである。

例えば，H社の事例では，人事部長が複数案を提示したのは，社長がどこまでの覚悟を持っているかを確認するためであった。このように，「変革推進者」を志向する人事部に求められるのは，政治的な嗅覚と人を見極める力なのである。

組織文化の変革に向けた人事部の働きかけ

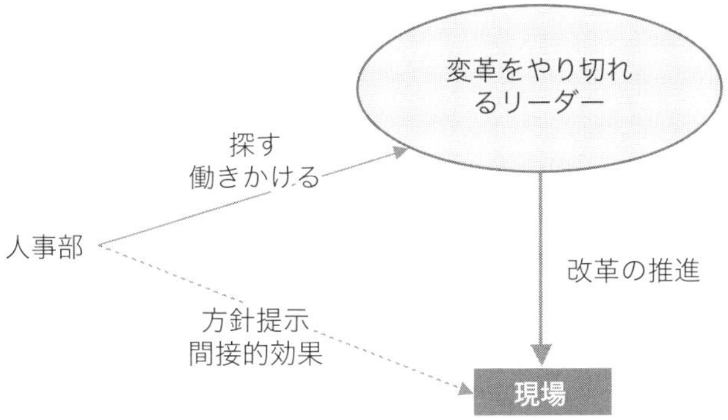

## 3．人事機能の高度化への具体的な取り組み

かつて日本企業における保守本流であった人事部が，「戦略パートナー」「変革推進者」としての役割を果たせるようになるには，他機能と連携していくことが求められると述べてきた。そして，このためには人事部自体が変わらなければならないだろう。では，人事部自身はどのように変わっていかなければならないのだろうか。

以下では，これから人事部の組織上の位置付けをどう変えるべきなのか，人事部スタッフをどう育成すべきなのかを考えてみたい。

### ■　オープンな組織として人事部を位置付ける

他機能との連携を有効に進めるための有効な方法が，人材の交流である。H社の事例において，コンプライアンス体制の構築のために担当部署をローテーションポストと位置付け，人事部員を一定期間異動させるような対応方法があった。こういった形で人を介してネットワークを作ると，お互いの組織が考えていることが伝わりやすく，連携も容易になる。事業部の人事担当を人事部員の派遣ポストとすることも，多くの会社でも行われてきたことである。もちろん，人事部からの派遣だけでなく，人事部に他の機能からの人材も受け入れることも考えられる。

派遣されたスタッフは，派遣された組織の方針に則って活動することになる。派遣先の組織の長が考えていることと人事部長が考えていることが異なることは十分あり得る事態である。大切なのは，その異なる考え方をすり合わせて，人材の育成・活用に向けて何がベストなのかについて，一定の答えを出すような議論の場を設定することである。そのことによって，組織全体として柔軟で効果的な組織対応が可能になるのだ。

かつて伝統的な人事部においては，人事情報は高度な秘密情報としてしまいこまれ，雰囲気もやや閉鎖的であった。人事部を「学校の職員室」にたとえる社員も多かった。

日本企業の組織文化における，内向きの論理の中での説明責任の低さを払しょくするためにも，日本的経営の象徴である人事部が組織運営をオープンにしていくべきであろう。具体的には，秘密や機微情報は可能な限り減らしていく方向であり，エビデンス（証拠）に基づいて説明責任を果たせるようなオープンな組織人事の運営を目指して，色々な基盤を整えるべきなのだ。

## ■　人事部スタッフの育成方法の見直し

限られた人事の専門家からなる閉じた集団としての人事部を否定し，オープン化し，他機能と連携しながら人事機能を高度にしていくためには，人事部員の育成方法も見直す必要があろう。これまでの人事機能の枠を超えていくには，新たな機能を果たせる要員を揃えなければならないのである。人材交流を進める狙いの一つもここにある。

組織として機能連携することを通じて，個人としての人事スタッフにも新たな知識・経験が生まれる。例えば，機能面で言えば，「HR×事業戦略」「HR×IT」「HR×コンプライアンス」などである。G社の事例において，研修プロジェクトの事務局を担当するようになった人事部スタッフは，これまでの研修の事務局業務だけでは何年かけても得ることが難しかった知識と経験を，この1年で獲得することができるはずである。

さらに，組織文化を変えていくプロジェクトに携わることを通じて，組織を変えていく感覚を体感できることはスタッフにとっては貴重な経験である。掲げられている理想となかなか変わらない現実の狭間に立って，どのようにものごとを先に進めていくのかを考え抜く経験は，将来の幹部にとっては必須の経験であり，若手・中堅の中でどのようなメンバーをプロジェクトにアサインするかは育成機会の提供としてしっかり検討する必要がある。

## ■　人事機能の拠って立つところは「人材を見極める力」

伝統的な人事部の権威の源泉は，「人事情報を握っている（らしい）」という情報格差と，他部署の責任者との貸し借り関係にあったと言える。

人事機能をオープンにして，他機能と積極的に連携していくということは，これらを捨てるということに他ならない。では，これからの人事部がプロフェッショナルとして信頼されるには，何をその源泉とすべきなのだろうか。この問いは，人事の専門性の根源はどこにあるのかという問いに置き換えることが出来る。

本書の事例を通じて考えてきたことをまとめると，人事機能のコアとすべき能力は次の2つではないだろうか。以下の2つの能力を人事部スタッフは様々な経験を通じて磨いていくことが求められると思われる。

### ①　課題設定・課題解決力

本書の事例で明らかになったように，人材をめぐる問題は複雑である。人材に関する問題に挑戦する人事部は，この複雑な問題の構造を明らかにし，適切に解くべき課題を設定することが求められる。

人事管理関係の本に書いてあることは参考とはなるが，自社の事情をすべて盛り込んだ課題解決の本がある訳ではない。自らの目と耳とで自社の組織と人材の状況を観察し，その事実と各種のデータに基づき，冷静に問題を特定していかなければならない。

そして，やるべきことが決まったら，組織の状況を見極めながら，巻き込むべき人を巻き込みつつ，果敢に課題解決に取り組んでいくことが求められる。

### ②　人材を見極める力

人事は人材に関する業務であり，たとえ給与計算等の定常業務においても，社員と接することは多い。社員と話し，その考えや感じ方に触れ，「社員は何に対してどういうことを感じるものなのか」，「希望をもって入社した若手社員が，どのように中堅となり，キャリアを終わらせていくのか」といった，組織における社員の生きざまに関する事例をどんどん自分のものとしていくことが出来るはずである。

こういった機会を活かし，人間観察の目を養うと，段々と人材の見極める力が身についてくるのである。

人事部長から人事スタッフに至るまで，人材の問題を扱うプロフェッショナルとしては，「当社における社員」というものを全体と個人の両方から理解しておかなければならない。すなわち，「当社の社員とは」「当社の若手は」という形で一般論として特徴を捉えることと，「Ａさんという人は」「Ｂさんという人は」という個人の特性を見極めること，両方を語ることができなければならない。

多くの社員の事例の蓄積をベースとして「この社員はこういう考え方を持っているのではないか」という仮説の確からしさが，プロフェッショナルとしての信頼感の源泉となるのである。

# おわりに

本書は，筆者の20年近い組織人事に関するコンサルティング経験から得られたエッセンスを，２年間の慶應義塾大学大学院における人的資源管理と制度派組織論の研究を踏まえて，実務家向けにまとめたものである。

コンサルティングというのは，通り一遍の制度導入支援で終わらせようとすると得られるものはあまりない。一方で，クライアントの状況にコミットすればするだけ，大変ではあるが，大きな気づきや学びが得られる。

この20年間，規模・職種を問わず，多くのクライアントと一緒に仕事をする機会に恵まれた。いずれの機会においても，かなり踏み込んだ形でお手伝いさせていただいた。そのこともあり，大小を問わず，どんなプロジェクトにおいても必ず発見があった。本書のベースは，20年間にわたり，課題を解決しようとクライアントと一緒になって流してきた汗と学びにある。

まずは，素晴らしい機会を与えていただいたクライアントの方々に感謝したいと思う。

## ■ 組織人材は複雑系の問題

個人的な感想だが，組織人材の問題を扱うコンサルティングは，面白い仕事である。その一番の理由は，「正解がないこと」にあるように思う。もちろん，クライアントの課題解決に取り組む際には，私の方から「こうすべきである」と言い切ったりすることはある。しかし，それは仮説にすぎず，結局のところ，ことの成否は実行側の人間の意思の強さと，それを受けて組織の人たちが動くかどうかに掛かっている。決まった答えがないからこそ自らを恃みとしてがんばれるし，それが面白いのである。

これまで書いてきたように，組織人材に関する問題は，複合的かつ重層的な，複雑系の問題である。外から見れば似たような会社であっても，組織において共有されてきた行動様式やトップの影響力など，組織の歴史や個人の特性によって組織のあり方は変わってくる。トップとミドルと現場の中で，受動と能動とが入り混じりながら，色々なものごとの方向性が固まっていく。

この中で，課題を見出し，何かを動かしていかなければならないとすると，ロジックだけでは押し通せないし，気合と根性や感性だけでも十分ではない。だからと言って，「そういうドロドロの世界は苦手なので…」と安全なところから傍観を決め込んでも問題は解決しない。自分の立ち位置を明確にし，流れをしっかりと見定め，どこに向かうのか覚悟を決めて自らが飛び込んで，状況と格闘していかなければならないのである。

## ■ シンプルに「組織の継続性」を拠りどころにする

人材マネジメントに関しては，数字ですべての結果が出るわけではない。また，施策の影響は中長期にわたる場合もある。明確な結果とされる指標がないだけに，色々な立場の人が持論を述べることができてしまう。「有名なコンサルタントが言っているから」「有名経営者が言っているから」「自分の経験からはこれが正しい」…それなりの根拠をもって正当性が主張され，それぞれもっともらしく聞こえる。しかし，実際のところ，明快に「人とは○○である」と言い切ってしまうような意見には怪しさが漂うものでもある。しかも，注意深く聞くと，そういった引用をする人の隠された意図は，単なる自己弁護や組織防衛であったり，知識や経験を開陳して自らを権威付けたいということだったりすることも多い。

そうなると，時として，何が正しいのかわからなくなってしまうことにもなりかねない。では，何をもって「正しい」とすればいいのか。

第８章でも述べたが，様々な要素をそぎ落としていくと，最後には「組織を継続させていく」という目的に照らしてどうなのか，という基準が残るように思う。これが人事に携わる者の判断における原理原則だと思うのである。「その主張は組織を継続させていくために寄与するのか」という一点で判断すれば，「正しさ」を評価することができるのではないか。

組織が継続するには，法令や社会的規範を遵守し，社会から正当性を認められなければならないのは大前提である。その上で，事業が継続しなければならない。現代の資本主義は，事業継続のためには持続的な成長が求められる。そのためには，何より，事業を支える人材のレベルが維持・向上するように，採用し，育て，活かし続け，活力のある組織を実現しなければならない。

これらすべてを同時に実現させるのは大変である。しかし，だからこそ挑戦していかなければならないのであり，その挑戦は「正しい」はずである。

一方で，耳障りのいいことを述べているかもしれないが，経営者・管理職・一般社員といった立場を問わず，面倒なことから逃げようとする，権利を主張して組織にぶら下がる，自らの権力を保持して組織を私物化する，といった方向は「正しくない」。そういう動きは結果として組織の継続性を阻害することになるのであり，丁寧に，かつ毅然として，取り除いていく必要があるのだ。

## ■　今後の展望　超高齢社会の新たな日本企業のインクルーシブネス

本書では，第Ⅰ部から第Ⅲ部まで，９つの事例を取り上げて，「日本企業の人材マネジメントの現在地」を明らかにしようとしてきた。ここでは，今後さらに問題となると思われるテーマを簡単に述べて，筆を置きたい。

本書で一貫して取り上げてきたテーマは，「日本的人事慣行の変化」である。役職定年制度に象徴されるように，これまでの日本企業は，組織の活性化を図るために，中高年を排除しようとしてきた。しかし，これから先は，バブル世代が60歳代に入り，若手が不足する中で会社の活力を維持することが求められるようになる。恐らく，現在の若手の志向も踏まえると，日本的人事慣行は「変化」というレベルには止まらず，急速に過去のものとされていくことになろう。

「日本的な人事慣行」はなくなっても「日本的な組織文化」はまだ残るかもしれない。そういう中で組織運営をどうすれば組織の活力と高い生産性が実現するのかを考えていかなければならない。これが大きなテーマとなろう。

このような状況の中では，各社は，中高年をどのように活かしていくかを真剣に考えなければならなくなる。対象者が高齢になってから検討するのでは遅く，まだ50歳代のうちから，その先に向けての方向付けをしていかなければならない。そう考えると，すぐにでも着手すべきテーマなのである。

超高齢社会を迎える課題先進国としての日本において，企業はどのように人材を活用していくのか。これから高齢化していく他国も注目しているように思われる。私の今後の研究テーマとしたい。

末筆ではあるが，本書をまとめるに当たり，お世話になった方々に御礼を申し上げたい。

恩師である慶應義塾大学大学院商学研究科八代充史教授には研究指導から出版まで大変お世話になった。本書のコンセプトから書き方まで，中央経済社学術書編集部副編集長の市田由紀子氏には，丁寧なアドバイスをいただいた。

一緒に仕事をしてきたコンサルタントの先輩・同僚にも感謝したい。中でも，師匠としてコンサルタントの基本を叩き込んでいただいた故河田寛次氏には感謝してもしきれない。本書のコアの部分は河田さんに教わったことである。もはや本書の批評を仰ぐ機会がないことが悔やまれてならない。

そして，最後に，多忙な中，最初の読者として的確な指摘をしてくれた妻と，やる気の源である息子と娘に感謝を述べたい。

# 引用文献

[はじめに]

Boxall, Peter, and John Purcell [2011] *Strategy and Human Resource Management*, Macmillan International Higher Education.

[第2章]

小池和男 [2005]『仕事の経済学＜第3版＞』 東洋経済新報社。

[第3章]

Harry C Triandis [1995] *Individualism and Collectivism, Westview Press.* (神山貴弥・藤原武弘訳 [2002]『個人主義と集団主義：二つのレンズを通して読み解く文化』北大路書房).

Kotter, J. P. [1996] *Leading Change*, Harvard Business School Press. (梅津祐良訳 [2002]『企業変革力』日経BP社).

Albert, S., and Whetten, D. A. [1985] Organizational Identity. In L. L. Cunnings & B. M. Staw (eds.), *Research in Organizational Behavior*. Vol. 7 (pp. 263–295). Greenwich, CT: JAI Press.

[第4章]

Edgar H. Schein [1999] *The Corporate Culture Survival Guide*, Jossey-Bass (金井壽宏監訳 尾川丈一・片山佳代子訳 [2004]『企業文化 生き残りの指針』 白桃書房).

[第7章]

Michaels, E., Handfield-Jones, H. and Axelrod, B. [2001] *The War for Talent*,

MA: Harvard Business School Press.（マッキンゼー・アンド・カンパニー監訳, 渡会圭子訳［2002］『ウォー・フォー・タレント 人材育成競争』翔泳社）.

［第８章］

Wright, Patrick M., and Gary C. McMahan［1992］"Theoretical perspectives for strategic human resource management." *Journal of management* 18.2 : pp.295-320.

［第10章］

戸部良一・寺本義也・鎌田伸一・杉之尾孝生・村井友秀・野中郁次郎（共著）［1984］『失敗の本質』ダイヤモンド社。

［第11章］

野中郁次郎・遠山亮子・平田透［2010］『流れを経営する: 持続的イノベーション企業の動態理論』東洋経済新報社。

［第12章］

David Ulrich［1996］*Human Resources Champions: The next Agenda for Adding Value and Delivering Results*, Harvard Business Review Press.（梅津祐良訳［1997］『MBAの人材戦略』日本能率協会マネジメントセンター）.

Sanford Jacoby［2005］*The Embedded Corporation*, Princeton University Press.（鈴木良始・伊藤健市・堀龍二訳［2005］『日本の人事部・アメリカの人事部』東洋経済新報社）.

## 参考文献

須田敏子［2010］『戦略人事論』日本経済新聞社。

Jaap Paauwe, Elaine Farndale［2018］*Strategy, HRM, and Performance: A Contextual Approach second edition*, Oxford University Press.

八代充史［2019］『人的資源管理論：理論と制度＜第３版＞』中央経済社。

［著者紹介］

**角　直紀**（すみ　なおき）

山田コンサルティンググループ株式会社　経営コンサルティング事業本部　専門部長
NSコンサルティング株式会社　代表取締役
東京富士大学大学院経営学研究科　非常勤講師

1988年　一橋大学法学部卒業
　　　　丸紅株式会社　人事部・経営企画部にて実務に携わる
2001年　株式会社日本総合研究所
2014年　EYアドバイザリー・アンド・コンサルティング株式会社　アソシエイト・パートナー
2019年　慶應義塾大学大学院商学研究科修士課程修了
2020年　現職

一貫して企業向け組織人事コンサルティングに従事しており，顧客の組織が抱える問題に鋭く切り込み，組織改革や人事制度に関する打ち手を梃子にして，組織全体の課題を解決していくコンサルティングスタイルに定評がある。

nsconsulting.sumi@gmail.com

ストーリーでわかる！
人材マネジメントの課題解決
■施策の企画から実行までの最適解を導く

2020年５月10日　第１版第１刷発行

著　者　角　　直　紀
発行者　山　本　　継
発行所　㈱中央経済社
発売元　㈱中央経済グループ
パブリッシング
〒101-0051　東京都千代田区神田神保町1-31-2
電話　03（3293）3371（編集代表）
03（3293）3381（営業代表）
http://www.chuokeizai.co.jp/
印刷／㈱堀内印刷所
製本／㈲井上製本所



＊頁の「欠落」や「順序違い」などがありましたらお取り替えいたしますので発売元までご送付ください。（送料小社負担）

ISBN978-4-502-33691-1　C3034